KB140304

서울리츠 2030 신주거전략

서울리츠 2030 신주거전략

이상영 · 박원석 지음

유원북스

머리말

서울리츠는 민간자본을 끌어들여 공공임대주택을 추가적으로 확보하기 위한 재원조달 방안이지만, 서울주택도시공사에게는 특별한 의미를 지닌 상징적인 사업모델이다. 서울리츠는 부채 규모의 증가에도 불구하고 지속적으로 공공임대주택을 공급해야 하는 공사의 숙명을 극복할 수 있도록 새로운 출구를 마련해주었을 뿐만 아니라, 이를 계기로 서울주택도시공사가 공공디벨로퍼로서 역할을 확대할 수 있는 다양한 사업모델을 개발하는 중요한 출발점이 되었다는 점에서 큰 의의가 있다.

그동안 서울리츠 도입 과정의 여러 가지 논의와 추진현황을 체계적으로 정리하면 서울주택도시공사에게는 귀중한 역사 자료가 되고 공공주택정책이나 리츠의 발전에도 도움이 될 것이라 생각해 왔다. 이번에 이상영, 박원석 두 교수가 어려운 역할을 맡아 서울리츠가 가진 의미와 발전 방향을 매우 잘 정리해주셨다.

택지개발과 주택건설, 임대주택 관리를 주된 역할로 설정해 온 에스에이치공사가 '서울주택도시공사'로 이름을 바꾸고 새로운 사업모델로 서울리츠를 채택하기까지에는 많은 어려움이 있었다. 가장 직접적인 우려는 혹시 서울주택도시공사가 리츠형 주택을 공급하게 되면 그동안 주로 담당해 왔던 무주택 서민을 위한 공공 임대주택 공급이 줄어들거나 외면되지 않을까 하는 점이었다. 본연의 역할에만 충실히 하라는 주문도 많았다. 너무나 당연한 우려 표명이고 문제 제기였지만, 서울주택도시공사로서는 고유한 역할을 다하면서도 더 많은 주거복지 서비스 제공을 위한 새로운 사업모델 개발이라고 설명할 수밖에 없었다.

왜 서울리츠가 필요하게 되었나?

공공임대주택은 저소득층의 주거안정을 위해 활용할 수 있는 가장 중요한 수단 중의 하나다. 우리나라에서는 1989년 영구임대주택이 처음 도입된 이래 공공임대주택 공급 확대는 정부의 중요한 주택정책 수단이었으며, 선거 때마다 핵심적인 공약으로 채택되어 왔다. 서울시에서도 공공임대주택 정책은 역대 서울시장이 빼놓지 않고 포함한 주택정책 수단이었다.

그중에서도 박원순 시장은 목표 수량이나 추진 의지 측면에서 공공임대주택 정책을 가장 적극적으로 추진한 시장이다. 2011년 10월에 취임한 이래 8만 호 공공임대주택 공급을 핵심정책으로 채택하여 목표를 초과 달성했으며, 2014년 재선 이후에도 새로운 8만 호 공급정책을 채택하여 추진 중이다. 매년 2만 호의 공공임대주택을 추가로 공급한다는 것은 부지 확보나 재정부담 측면에서 서울시나 서울주택도시공사에게 과도하게 부담이 되는 목표였던 것은 분명하다. 그러기에 재정부담을 최소화하면서 안정적으로 공공임대주택을 확보하기 위한 다양한 사업모델이 제안되고 추진되어 왔다. 공공원룸, 고시원 등을 활용한 준공공임대주택, 장기안심주택, 사회주택, 공동체 주택 등은 이러한 필요성 때문에 고안되고 추진되고 있는 공공임대주택 유형들이다.

그럼에도 불구하고 급격한 월세화나 전세 급등으로 시민들의 주거불안이 극심해지면서 추가적으로 공공임대주택을 확대해야 한다는 요구가 커지고 있었다. 여전히 서울의 공공임대주택 재고는 전체 주택의 6% 수준에 불과하여 최소한 10% 이상의 공공임대주택 재고율을 달성하기 위해서는 기존의 공공임대주택 외에 재정부담을 최소화하면서 주거안정이 보장되는 또 다른 유형의 공공임대주택을 개발할 필요가 있었다. 이러한 요구에 따라 구상된 것이 서울리츠다.

이 주택은 당초부터 공공임대주택을 축소하고 이를 대체해서 공급되는 주택이 아니라 기존의 공공임대주택의 입주대상이 되지 못하지만, 여전히 공공지원이 필요한 청년층, 신혼부부 등을 위해 추가적으로 공공임대주택을 건설하여 공급하자는 취지로 고안되었다. 즉, 서울리츠는 날로 심각해지는 주거상황에서 재정적인 부담을 최소화하면서 입주자들의 부담을 줄일 수 있는 새로운 유형의 주택을 공급해야 한다는 의무감에서 기획된 것이다.

서울주택도시공사는 2018년까지 4년간 4만 38호의 공공임대주택을 공급할 예정이며, 이 주택의 일부는 신세대 저소득층에게 배분될 예정이다. 그러나 이 공공임대주택은 주로 사회취약계층에게 공급되기 때문에 이른바 '신세대 중산층'이라 할 수 있는 신혼부부나 사회초년생 등에게 공급될 주택의 물량은 10%에도 미치지 못했던 것이 현실이다. 서울주택도시공사는 한편으로는 전체 공급 물량의 최대 80%까지 신혼부부, 사회초년생, 대학생 등에게 공급하는 행복주택을 적극적으로 공급하면서도 추가적으로 신세대 신중산층에게 다양한 저렴주택을 공급하기 위한 구상을 추진하고 있다. 공동체주택 1만 호 공급 구상이나 역세권 2030 청년주택 등이 그것이다.

따라서 서울시나 서울주택도시공사가 서울리츠를 추진하기 때문에 기존의 공공임대주택 공급 정책을 소홀히 하거나 신세대 중산층용 저렴주택 공급을 도외시하고 있다고 평가해서는 안 된다. 오히려 서울리츠주택은 그동안 공공임대주택의 입주 대상이 되지 못한 계층을 위해 추가적으로 공급하고자 고안된 것이며, 신세대 중산층용으로 새로운 저렴주택 유형을 또 하나 개발한 것으로 이해해야 한다.

서울리츠의 의의

서울리츠는 그동안 주거복지의 대상이 되지 못했던 계층을 위한 다양한 맞춤형 주거수요를 충족할 수 있는 대량의 저렴주택을 공급하면서도 서울시나 서울주택도시공사의 재정부담을 최소화할 수 있도록 구상된 사업모델이다. 이 사업모델이 서울시나 서울주택도시공사의 주거복지나 도시재생사업에서 갖는 의미는 크게 네 가지로 정리할 수 있다.

우선 서울리츠는 공공임대사업자의 과도한 재정부담을 경감시켜 주는 사업모델이다. 서울리츠는 공공임대주택의 건설과 관리 과정에서 재정적자와 부채가 급증하여 추가적으로 공공임대주택을 공급하기 힘든 현실에서 불가피하게 고안해낸 사업모델이다. 시유지나 미분양이거나 기존 공공임대주택으로 활용이 불가능한 공사의 토지를 활용하는 경우 부채가 거의 늘지 않으면서도 준공공임대주택을 확보할 수 있다. 기존 방식대로 추진하는 경우 공공임대주택 1호를 공급하는 데 늘어나는 부채 규모가 1억 3,000만 원에 이르는 반면, 리츠주택방식을 활용하는 경우 220만 원에 불과하게 되는 장점이 있다.

둘째, 서울리츠는 공공성과 수익성을 조화시킬 수 있는 사업모델을 만들 수 있다는 점을 보여주었다. 서울리츠는 공공과 민간이 협력하여 리스크를 분담하면서 비용을 절감하여 사업성을 개선함으로써 종전에 불가능했던 사업이 가능하도록 유도할 수 있다. 오도가도 못하는 정비사업이나 안전등급 D, E 등급의 재난 위험시설의 정비사업에서 서울주택도시공사와 민간부문은 리츠를 이용함으로써 비로소 그동안 불가능했던 정비사업을 추진할 수 있다는 것을 보여주고 있다.

셋째, 서울리츠는 서울주택도시공사가 공공디벨로퍼로서 적극적으로 역할을 할 수 있는 기반을 마련해주었다. 공공디벨로퍼는 개발 후 매각하는 기존의 택지개발사업이나 주택건설사업을 넘어서서 장기적인 관점에서 지역발전을 위해 공사가 적극적인 역할을 담당하고자 하는 공사의 새로운 역할을 상징하는 명칭이다. 문제는 자금이다. 초기 투자 자금이 오랫동안 잠겨 있으면 연속적으로 개발사업을 추진할 수가 없는 데 리츠를 통해 최소한의 자금을 투자하되 공공성을 유지하도록 관리하는 것이 가능하게 되었다. 서울리츠를 시작으로 재정비리츠, 자산유동화리츠, 재개발임대주택리츠, 개발리츠 등 새로운 유형의 리츠모델이 공공디벨로퍼로서 공사의 역할을 가능하게 하였다.

넷째, 서울리츠는 시민이 간접적으로 부동산 투자에 참여하는 사업모델이다. 대규모 자금이 소요될 뿐만 아니라 전문성 부족 때문에 개인이 부동산 투자에 참여하기가 어려울 뿐만 아니라 많은 위험이 따른다는 점을 고려하면 리츠는 부동산 투자의 민주화를 실현한 사업모델이다. 무분별한 부동산 투자로 인한 부동산 투기 문제를 회피하면서도 건전한 부동산 투자를 통한 안정적인 자산 증식을 유도할 수 있다는 점에서 의의가 있다. 다만, 초기 서울리츠는 당초 계획과 달리 시민공모를 추진하지 않고 주택도시기금과 서울주택공사의 출자만으로 서울리츠를 구성하였다.

서울리츠에 대한 우려와 올바른 이해

서울리츠가 구상된 이후 많은 전문가나 주거부문 NGO 지도자들이 여러 가지 측면에서 우려되는 점을 지적해왔다. 여러 차례의 자문회의와 간담회를 거치면서 제기될 수 있는 우려가 도출되었고 그 의견에 대한 입장도 개진되었다. 대표적인 우려사항과 이에 대한 대응의견을 소개하면 다음과 같다.

첫째, 한국토지주택공사(LH)가 이미 시행하고 있던 공공임대주택리츠나 뉴스테이의 문제점이 서울리츠에 대해서도 동일하게 발생할 것으로 이해하는 사람들이 많았다. 사실 공공임대주택 리츠나 뉴스테이가 갖는 여러 가지 문제점 때문에 그동안 서울시에서는 리츠사업모델을 채택하지 않았던 점을 고려하면 서울시에서 처음으로 서울리츠를 채택할 때 유발될 수 있는 문제점을 지적하는 것은 충분히 이해할 만했다.

둘째, 서울리츠가 만능목표인 것처럼 부풀려져 과도한 규모로 추진되는 것이 아닌가하는 우려다. 서울리츠는 당초 부채 감축을 위해 다양한 재원 조달 방안의 일환으로 구상되었으며, 다양한 조달방안을 활용하여 절감된 재원을 서민주거 안정을 위해 더 투자할 수 있다는 순수한 구상에서 출발하였다. 서울리츠는 당초부터 주택정책의 사각지대에 있으면서 저렴한 임대를 필요로 하는 계층에게 재정적인 부담을 최소화한 주택을 공급하자는 목표에서 출발한 실험적인 주택유형이었다. 따라서 서울리츠를 우려하는 것처럼 만능목표로 설정하거나 과도한 규모로 설정하여 부담을 주는 것은 바람직하지 않다.

셋째, 공공기관이 신세대 중산층에게 직접 임대주택을 공급하는 것이 정책적으로 타당성이 있는가? 우려하는 것처럼 공공기관이 주택문제가 가장 심각한 빈곤 청년주거 문제는 도외시한 채 신세대 중산층에게 임대주택을 공급한다면 과잉 개입이라고 볼 수도 있다. 그러나 서울리츠 주택은 기존의 공공임대주택을 대체하거나 청년 빈곤주거 문제 해결을 위해 활용할 재원을 과도하게 신세대 중산층에게 투자하는 것이 아니라 기존 주택정책의 대상이 되지 못하는 계층을 대상으로 최소한의 공공재원을 투입하여 효과를 극대화하자는 것이다. 서울리츠주택은 공공기관이 직접 공급하는 주택이라기보다는 공공기관의 보유 토지와 신뢰도에 기반하여 리츠회사라는 민간회사를 통해 저렴한 임대주택을 공급하는 것으로 공공주체의 과잉개입이라 보기 어렵다.

넷째, 재생리츠도 이미 원거주민은 20%도 안 남은 상태에서, 외지

인들의 개발이익 다툼에 공공기관이 굳이 개입해야 하는가? 라는 문제 제기다. 재생리츠는 시장논리로는 어쩔 수가 없는 재정비사업에 공공이 왜 개입해야 하는가를 보여주는 대표적인 사례다. 재정비조합이나 민간시공사가 화합해서 잘 운영하고 있는 정비사업에 공공이 개입할 이유가 없지만, 민간주체가 더 이상 진척하기도 멈출 수도 없는 특수한 유형의 재정비사업에 공공이 참여함으로써 모든 주체가 이익을 보는 사업구조를 실현할 수 있다. 그동안 SH공사가 적극적으로 재정비사업에 참여해야 한다고 주장했던 재난위험등급주택이나 노후불량주택밀집주택은 최근 국토교통부나 지역발전위원회에서 정책지원 대상지역으로 채택하여 지원확대 정책을 발표하고 있다. 이처럼 그동안 민간조합이나 시공사의 자율에 맡겼던 정비사업에 공공주체가 적극적인 역할을 해야 한다는 요구는 최근 들어 더욱 확대되고 있다.

서울시는 일찍부터 중앙정부와는 달리 공공관리제도 등을 통해 정비사업에서 공공의 역할을 확대하는 것을 주된 정책방향으로 채택해왔고 실태조사 등 뉴타운·정비사업의 출구전략은 가장 대표적인 정책 사례라 할 것이다. 도시재생리츠는 시장기제와 민간주체가 감당할 수 없는 재생사업에 한정해서 공공부문이 신뢰도와 자금력, 행정력을 활용하여 재정비사업을 추진하는 모형으로, 서울시의 정체된 정비사업의 문제를 해결하는 출구역할을 할 것으로 기대된다. 한 구역에서만이라도 시범사업을 개발하여 성공한다면 앞으로 수많은 정비사업 정체구역의 문제를 해결하는 사업모형으로 채택될 것으로 판단된다.

서울리츠의 발전 과제

2015년 초까지 구상에 불과하였던 서울리츠는 7월 30일 박원순 시장 주관의 기자설명회를 통해 대외적으로 공표되었고 연말에 발기 설립되었다. 아울러 서울리츠를 운영하는 리츠자산관리회사(AMC)인 서울투자운용이 올해 6월에 서울주택도시공사의 자회사로 설립되었다. 서울리츠 출범 이후 리츠를 기반으로 하는 새로운 사업모델이 속속 개발되어 추진되고 있다.

재개발임대주택을 유동화하는 재개발임대주택리츠, 대형 장기전세주택을 유동화하는 장기전세주택리츠, 강남아파트를 대상지로 하는 정비형 뉴스테이사업리츠 등이 조만간 설립될 예정이다. 천호 1구역을 대상으로 하는 재정비리츠나 청년창업시설과 벤처지원시설을 기반으로 하는 산업시설리츠, 대규모 시유지를 기반으로 개발사업을 추진하는 개발사업리츠 등도 검토 중이다. 서울시의 역점사업인 역세권 2030 청년주택이나 저층주거지 재생모델, 역세권 개발사업이나 R&D 앵커시설 건립 및 운영시설, 서울시 미매각 토지 개발사업 등에도 리츠를 활용한 새로운 사업모델을 구상하고 있다.

리츠가 처음 구상되고 시행된 이래 서울시나 서울주택공사는 각종 도시개발사업이나 주택건설사업을 추진하는 사업모델이 다양해지게 되었다. 그동안 불가능했던 사업들이 비로소 가능하게 되었고, 다양한 주체가 참여하는 거버넌스 사업모델도 구상할 수 있게 되었다. 사업성이 없으면 민간개발사업이 불가능하고, 서울시 예산이 없으면 공공개발사업도 불가능했던 그 많은 사업들이 리츠를 활용하여 공공성과 수익성을 조화할 수 있는 사업모델을 구상하게 되면서 비로소 추진이 가능하게 되었다.

그러나 앞으로 서울리츠가 더욱 활성화되기 위해서는 풀어나가야 할 과제들이 많다. 가장 중요한 과제는 공공성과 수익성이 조화할 수 있도록 사업모델을 더욱 정교하게 만들어내는 일이다. 공공부문이 리츠에 적은 비율로만 출자하면서도 공공성을 실현할 수 있기 위해서도 공공성을 확보할 수 있도록 다양한 장치를 마련해야 한다. 그렇지 않은 경우 자칫 리츠가 민간의 수익성을 위해 공공부문이 동원되는 수단으로 전락할 수 있기 때문이다.

반면, 리츠사업을 통해 공공부문이 갖고 있는 비효율성이나 고비용 구조를 극복할 수 있도록 제도적 장치를 마련해야 한다. 인력 운영이나 자재 선택, 발주 방법 등에서 최소한의 공공성을 확보하면서도 비용을 절감하는 방안을 고안하지 않으면 리츠사업에서도 공공발주사업의 고비용 구조를 그대로 반복할 수 있다. 계획과정, 설계과정, 발주방식이나 건설사업 관리 등에서 리츠사업이 기존 공공개발사업과 어떻게 다른 규정을 적용할 것인가에 대해서는 많은 논의와 검토가 필요할 것이다.

이 책에서 두 저자는 우리나라 임대주택 리츠가 장기적으로 발전하기 위한 다양한 방안을 제시하였다. 영속형 리츠의 육성, 리츠의 상장 활성화, 리츠의 대형화, 임대주택 투자관리 전문회사의 육성, 기숙사 리츠의 도입 등은 모두 임대주택 리츠의 발전을 위해 반드시 필요한 방향이며, 서울리츠의 발전 방향에도 그대로 적용할 수 있을 것이다. 당초 서울리츠는 일반인의 공모를 통해 공공임대주택을 건설하는 새로운 모형을 구상했었다. 앞으로 서울리츠가 정착되어 정상화되면 당초 구상했던 시민공모를 서울리츠에 적용할 수 있을 것이다. 이 규모가 커지게 되면 리츠의 상장도 가능해지지 않을까 기대해 본다.

그러나 무엇보다도 서울리츠의 활성화를 위해 필요한 것은 지방공기업인 서울주택공사가 리츠회사에 출자하거나 운영하는 과정에서 발생하는 제도적 미비점이다. 지방공기업에게는 자산관리회사 겸업이 허용되지 않기 때문에 불가피하게 자회사 형태로 운영할 수밖에 없는데 이 자회사에게 개발사업의 기획과 설계, 발주, 공정관리, 사업관리, 시설관리 등을 모두 맡길 수는 없다. 너무 많은 인력과 비용이 소요될 뿐만 아니라 전문성과 공공성도 보장하기 어렵기 때문이다. 조속히 일정한 자격이나 규모를 갖춘 지방공기업에게 자산관리회사의 겸업을 허용해야 한다.

　이 책을 통해 임대주택리츠와 서울리츠에 대해 전문가나 시민들의 이해가 높아지기를 기대한다. 아울러 리츠를 통해 우리나라의 임대주택 공급과 관리, 도시개발사업과 도시재생사업의 추진 과정에서 다양한 모델이 지속적으로 개발되어 국민들의 주거복지와 지속가능한 도시 조성에 기여하기를 기대한다.

2016. 11.
변창흠 (서울주택도시공사 사장)

차례

표 차례

그림 차례

1부

임대주택 리츠의 개요 및 필요성

01
리츠의 개요[1]

리츠의 개요 및 현황

리츠란

리츠(REITs)는 'Real Estate Investment Trusts'의 약자인데, 이를 우리말로 풀어쓰면 부동산투자신탁이 된다. 리츠가 국내에서 본격적으로 주목을 받게 된 것은 2001년 「부동산투자회사법」이 제정되면서부터라 할 수 있다. 「부동산투자회사법」상의 부동산투자회사는 사실상 미국의 리츠 제도를 근간으로 하여 벤치마킹한 제도이기 때문이다. 따라서 국내에서도 부동산투자회사를 흔히 리츠로 부르는 것은 이러한 이유에 근거[2]하는데, 일본이나 싱가포르 등에서도 자국의 부동산투자회사 제도를 J-REITs, S-REITs로 부르고 있다. 이러한 맥락에서 본고에서는 미국의 리츠를 중심으로 리츠 제도의 개요를 소개한다.

리츠란 미국의 대표적인 부동산 간접투자제도 중 하나인데, 미국에

---

1) 리츠의 개요에 대한 내용은 기본적으로 "박원석(2013), 부동산투자론, 양현사"의 내용을 근간으로 하였다. 따라서 이 장의 상당 부분은 여기서 인용한 것이며, 여기에 본고의 맥락에 맞게 수정, 보완하였다.
2) 이에, 본고에서는 이후 부동산투자회사를 리츠로 명명한다.

서는 1960년 연방정부의 「내국세법(internal revenue code)」의 개정에 의해 현재와 같은 리츠가 제도화되었다. 즉, 「내국세법」의 규정에 따라 특별한 요건을 갖춘 부동산투자 조직체[(회사(corporation), 신탁(trust), 협회(association)]에 대해서는 법인세 면제혜택을 부여하였는데, 이러한 법인세 면제 혜택을 누리기 위해 「내국세법」에서 규정하는 엄격한 요건을 갖춰 설립된 부동산투자 조직체들을 통상적으로 리츠(REITs: Real Estate Investment Trusts)로 부르게 된 것이다.

이러한 맥락에서 미국 「내국세법」의 규정에 따라 리츠를 정의하면, 리츠란 주식이나 채권을 발행하여 다수의 투자자로부터 자금을 조달하고, 조달된 자금을 부동산 투자와 부동산 금융에서 운용하고, 그로부터 발생하는 수익을 투자자들에게 배당하는 조직체(회사, 신탁, 협회)다.

그런데 여기서 흥미로운 사실은 미국의 대부분 리츠들이 신탁보다는 회사 형태가 일반적이지만, 리츠로 부르고 있다는 점이다. 이는 리츠에 대한 기본적인 콘셉트와 아이디어가 19세기 중반의 매사추세츠신탁(Massachusetts business trust)에서 비롯되었기 때문으로 보인다. 즉, 1960년 「내국세법」의 개정으로 도입된 리츠는 이후에 실제로는 회사 형태가 일반적이 되었지만, 그 개념적 뿌리가 매사추세츠신탁에서 비롯된 만큼 관행적으로 리츠로 부르게 된 것이다.

지금까지 논의를 종합하면, 미국의 리츠는 국내의 부동산투자회사 제도와 같이 정형화된 제도로서 도입된 것이 아니라, 미국의 「내국세법」의 규정을 갖춘 부동산투자 조직체를 관행적으로 부르면서 도입된 개념이라는 특징을 가지고 있다. 즉, 리츠는 특정한 부동산투자 제도라기보다는 세제 혜택을 누리기 위해 일정한 요건을 갖춘 부동산간접투자 조직체의 일련의 집단이라 할 수 있다. 또한 미국의 리츠는 국내의 부동산

투자회사와 같이 특정한 법률적 절차와 인가를 통해 조직된 것이 아니기 때문에 특정 부동산투자 조직체가 세제 혜택을 누리기 위해 리츠의 요건을 갖추더라도 이후에 이러한 요건을 만족시키지 못하면 리츠로서의 자격을 상실하기도 한다.

리츠의 자격 요건

앞서 살펴본 바와 같이 미국에서 리츠로서 자격을 인정받기 위해서는 연방정부의 「내국세법」에서 규정하는 엄격한 요건을 갖추어야 한다. 즉, 리츠는 특정 과세연도 동안 수익자에게 분배되는 일정한 요건들을 충족하는 소득에 대하여 단순한 도관체(conduit)[3]로 간주되어 법인세가 면제된다. 따라서 특정 부동산투자 조직체는 과세연도 단위로 리츠로 인정받아 법인세가 면제가 되기도 하고, 리츠로 인정받지 못하면 법인세가 부과되기도 한다.

　리츠에 대해 엄격한 자격 요건을 규정하는 것은 리츠로 인정받으면 법인세가 면제되므로 리츠가 조세회피 수단으로 남발되지 않도록 하기 위함이다. 앞서 언급한 바와 같이 미국의 리츠는 우리나라의 부동산투자회사처럼 특정 법률에 의해 인가받아 설립되는 조직이 아니라, 부동산에 투자하는 조직이라면 누구라도 자격 요건만 갖추면 리츠가 될 수 있기 때문에 자격 요건을 엄격히 제한하지 않을 경우 리츠가 법인세

---

3) 도관체(conduit)란 액체나 기체가 통과하는 파이프라인을 뜻한다. 이러한 의미에서 투자 도관체라 함은 부동산 투자에서 발생하는 이익과 손실이 투자자에게 직접 전달(pass through)되는 통로가 되는 조직을 말한다. 따라서 도관체는 부동산에서 발생하는 수익을 받아서 투자자에게 전달해 주는 단순한 통로 역할만을 하는 수동적인 조직체라 할 수 있다. 각국에서는 이러한 도관체에 대해서는 사실상의 사업조직으로 인정하지 않아, 법인세 면제 혜택을 주고 있다(박원석, 2013).

회피 수단으로서 악용될 소지가 매우 크다. 따라서 미국「내국세법」에서는 리츠가 되기 위한 자격 요건을 매우 엄격하고 복잡하게 규정하고 있다.

리츠의 자격을 획득하기 위한 법적 요건은 크게 조직구성 요건, 자산 요건, 소득 요건, 이익분배 요건 등 4가지로 구분할 수 있다. 미국의「내국세법」에서 규정하고 있는 각각의 자격 요건은 매우 복잡하지만, 본고에서는 중요한 내용을 중심으로 소개하고자 한다. 그 내용을 정리한 것이 표 1-1이다.

첫 번째 자격 요건은 조직구성 요건이다. 조직구성 요건은 리츠의 법적 조직 형태를 규정하기 위한 요건이다. 1960년 당시 미국의 연방 의회가「내국세법」개정을 통해 리츠 제도를 도입하게 된 최우선 목적은 리츠가 소액 투자자들을 위한 부동산 투자조직으로서 역할을 하기 위한 것이었다. 따라서 리츠의 조직구성 요건은 리츠가 소액 투자자를 위한 투자기구의 성격을 가질 수 있도록 하는 목표와 밀접한 관련이 있다.

리츠의 주요한 조직구성 요건을 보면 우선 리츠는 회사(corporation), 신탁(trust), 협회(association) 형태 중 하나로 과세 가능한 조직이어야 하며, 리츠의 지분은 양도 가능한 증권이어야 한다는 점이다. 따라서 리츠가 이러한 법적 실체를 가지기 때문에 리츠의 지분은 거래소 시장에 상장을 통해 유동성을 확보할 수 있는 길이 열려 있다. 리츠의 주주 수는 100명 이상이고 5인 이하의 주주가 지분의 50% 이상을 보유하지 않아야 한다. 이러한 요건은 리츠가 소액 투자자를 위한 투자기구의 성격을 가질 수 있도록 하는 목표와 밀접한 관련이 있다. 즉, 리츠의 대주주 지분을 제한하고 주주 수를 일정 수준 이상으로 확보하도록 한 것은 리츠에게 제공하는 세제 혜택이 실질적으로 소액 투자자에게 골고루 돌아가도록 하기 위한 것이라 할 수 있다.

표 1-1 리츠의 주요 자격 요건

구분	내 용
조직 구성	• 법인, 신탁, 조합 형태로서 과세 가능한 조직 • 리츠의 지분은 양도 가능 증권일 것 • 주주 수는 100명 이상이고 5인 이하의 주주가 지분의 50% 이상을 보유하지 않을 것 • 이사회나 수탁자(신탁회사)에서 관리해야 함
자산	• 총 자산가치의 75% 이상이 부동산, 부동산 모기지, 기타 리츠, 현금, 국채로 구성될 것 • 분기 기준으로 동일 발행자의 기 발행된 의결권이 있는 보통주식의 10% 이상을 보유하지 않을 것 • 자산 가치의 5% 이상을 동일 발행자의 증권으로 편입해서는 안 됨
소득	• 연간 총 소득의 75% 이상이 부동산 임대료 수입, 모기지 금리 수입, 부동산 처분 이익 등 부동산 관련 수입일 것 • 연간 총 소득의 95% 이상이 부동산관련수입 및 기타 유가증권에서 발생하는 배당, 이자, 자본이득일 것 • 6개월 미만 소유한 유가증권의 처분 또는 4년 미만 소유한 후 부동산의 처분(비자발적으로 전환되거나 유질된 경우 예외)에 의한 이익이 총 이익의 30%가 넘지 않을 것
이익 배당	• 과세대상소득의 90% 이상을 투자자에게 배당금으로 배분할 것

출처 : 박원석, 2013, 부동산투자론, 양현사.

두 번째 자격 요건은 자산 요건이다. 자산 요건은 리츠가 부동산에 전문적으로 특화하여 투자하는 조직임을 규정하기 위한 목적을 가지고 있다. 즉, 리츠가 세제 혜택만 받고 다른 형태의 펀드로 운용되지 않도록 자산운용을 제한하는 조치라 할 수 있다. 이는 리츠가 'Real Estate Investment Trusts'인 만큼 당연히 규정해야 하는 요건이라 할 수 있다.

주요한 자산 요건을 보면 우선, 총 자산가치의 75% 이상이 부동산, 부동산 모기지, 기타 리츠, 현금, 국채로 구성되어야 한다. 미국의 리츠와 국내의 부동산투자회사의 중요한 차이점은 자산 요건에 있다. 즉, 국내의 부동산투자회사가 대부분의 자산을 실물 부동산에만 투자하게 되어 있다면, 미국의 리츠는 대부분의 자산을 실물 부동산뿐만 아니라 저당대출 등으로 운용할 수 있다. 이러한 자산 요건에 따라 미국의 리츠는 투자 대상에 따라 지분형(equity) 리츠와 모기지형(mortgage) 리츠로 구분된다.

세 번째 자격 요건은 소득 요건이다. 소득 요건은 리츠의 사업을 수동적(passive)인 부동산 임대사업으로 제한하기 위한 목적과 밀접한 관련을 가지고 있다. 앞서 언급한 바와 같이 부동산에 투자하는 조직이라면 누구라도 자격 요건만 갖추면 리츠가 될 수 있기 때문에 리츠가 법인세 회피 수단으로서 악용되지 않게 하기 위해 「내국세법」에서는 소득 요건을 엄격하게 규정하고 있다. 이에 따라 리츠가 세제 혜택을 누리는 도관체로 인정받기 위해서는 리츠의 소득을 임대료 수입, 모기지 이자수입, 부동산 처분이익 등 수동적 소득(passive income)으로 제한함으로써 사실상 부동산 전문투자회사가 아닌 일반 회사들이 리츠로 인정받는 길을 막아 놓았다.

주요한 소득 요건을 보면 우선 연간 총 소득의 75% 이상이 부동산 임대료 수입, 모기지 금리 수입, 부동산 처분 이익 등 부동산 관련 수입이어야 한다. 또한 연간 총 소득의 95% 이상이 앞서 열거한 소득 및 유가증권에서 발생하는 배당, 이자, 자본이득이어야 한다. 따라서 리츠는 투자자산을 적극적으로 운영하거나 서비스를 제공하는 사업을 사실상 하지 못하게 되어 있다. 그런데 리츠의 엄격한 소득 요건이 리츠의 운영과 수익성에 장애요인으로 작용한다는 리츠 단체의 끈질긴 요구에 따라 1999년 이후에는 소위 리츠 현대화법의 제정을 통해 리츠가 과세대상 자회사(TRS)를 통해 비적격 서비스를 제공할 수 있도록 유연성을 부여하고 있다.

또한 리츠는 6개월 미만 소유한 유가증권의 처분이나 4년 미만 소유한 부동산의 처분에 의한 이익이 총 이익의 30%가 넘지 않아야 한다. 이는 리츠의 자산운용이 단기간의 시세차익보다는 장기적인 운영 위주로 될 수 있도록 유도하고 있다. 이에 따라 미국의 대부분 리츠는 계속기업으로서 장기적인 임대수입 위주로 자산을 운용하고 있다.

네 번째 자격 요건은 이익배당 요건이다. 이익배당 요건은 리츠가 내부 유보를 통해 법인세를 회피하는 것을 방지하기 위한 목적과 관련이 있다. 리츠의 이익이 주주에게 배당되지 않고 내부에 유보될 경우, 이에 대한 과세가 되지 않는 허점이 발생하기 때문에, 이익의 대부분을 배당함으로써 내부 유보를 통해 법인세를 회피하는 것을 미연에 방지할 수 있다.

주요한 이익배당 요건을 보면, 리츠는 과세대상소득의 90% 이상을 투자자에게 배당금으로 배분해야 한다. 이에 따라 리츠는 내부 유보가 제한되기 때문에 조직의 성장을 위해서는 계속적으로 유상증자 등을 통한 투자자 모집을 해야 하는 부담을 안고 있다.

리츠의 유형

일반적으로 리츠는 투자 대상, 존속기한, 레버리지 활용 여부, 환매 여부 등 다양한 관점에서 유형 분류가 가능하다. 이는 리츠의 자산운용 방식이 투자 전략에 따라 매우 다양하다는 점을 반영한다. 이러한 맥락에서 리츠의 유형을 살펴보면 다음과 같다.

첫째, 리츠는 투자 대상에 따라 지분형(equity) 리츠, 모기지형(mortgage) 리츠, 혼합형(hybrid) 리츠로 유형 분류할 수 있다. 지분형 리츠는 투자자산을 주로 실물 부동산에 운용하는 리츠를 말한다. 모기지형 리츠는 투자자산을 주로 부동산 저당대출이나 MBS 등 채권에 운용하는 리츠를 말한다. 모기지형 리츠는 보유 자산 대부분을 대출로 운용하는 만큼 금융회사의 성격을 가지고 있다. 앞서 살펴본 바와 같이 미국의 리츠는 자산 요건상 투자자산을 실물 부동산뿐만 아니라 저당대출 등으로 운용하는 것이 가능하기 때문에 지분형 리츠와 모기지형 리츠로 운용하는 것이 모두 가능하다.

한편 혼합형 리츠는 실물 부동산과 저당대출을 섞어서 운용하는 리츠를 말한다. 리츠가 제도화된 초기에는 모기지형 리츠가 활성화되었으나 1980년대 중반 이후에는 지분형 리츠가 리츠산업의 성장을 주도하고 있다. 이는 전문적인 부동산 자산운용 전문가들이 리츠에 진출하면서 실물 부동산 투자 성과가 저당대출 성과보다 우월하게 나타난 결과를 반영한다고 할 수 있다.

둘째, 리츠는 투자 대상의 제한 여부에 따라 대상불특정형(blank or blind pool) 리츠, 대상특정형(purchasing, or specified) 리츠, 합성형(mixed) 리츠로 유형 분류할 수 있다. 대상불특정형 리츠는 투자자 모집 시 펀드에 편입될 투자 대상 부동산을 정하지 않고, 개략적인 펀드의 투자목적과, 투자목적을 달성하기 위해 편입할 부동산의 개략적인 특성만을 지정하는 리츠를 말한다. 대상불특정형 리츠에서는 리츠의 자산운용 과정에서 편입될 부동산은 리츠 경영진의 판단에 의해 결정된다. 따라서 대상불특정형 리츠는 자산운용의 유연성이 높다는 장점이 있으나, 자산운용자들이 투자자들의 이익에 반하게 투자를 결정할 수 있는 단점이 있다. 이에 따라 투자자들이 리츠의 자산운용자를 신뢰할 경우 대상불특정형 리츠를 더 선호할 수 있다. 국내에서는 아직까지 자산운용 전문가의 명성에 의존할 만큼 리츠의 운용 역사가 길지 않기 때문에 대상불특정형 리츠로 운용되는 리츠는 거의 없는 실정이다. 대상특정형 리츠는 투자자 모집 시에 투자 대상 부동산을 특정한 형태를 말한다. 대상특정형 리츠의 장점은 투자자들이 펀드에 편입될 부동산에

표 1-2 리츠의 유형

구 분	유 형
투자대상	• 지분형 리츠 : 주로 부동산의 소유권, 지분에 투자하는 리츠 • 모기지형 리츠 : 주로 부동산 저당대출이나 MBS에 투자자금을 운용하는 리츠 • 혼합형 리츠 : 지분 투자와 담보대출을 혼합한 리츠
투자대상 제한여부	• 대상불특정형 리츠 : 투자 부동산을 한정하지 않고 투자자를 모집하는 리츠 • 대상특정형 리츠 : 특정 부동산을 구입하기 위해 조직된 리츠 • 합성형 리츠 : Blank Trusts와 Purchasing Trusts를 혼합한 리츠
레버리지 활용여부	• 부채활용형 리츠 : 부동산 구입에 부채자금을 활용한 리츠 • 부채미활용형 리츠 : 부채자금을 활용하지 않은 리츠
존속기한 존재여부	• 기한부 리츠 : 존속기한이 정해진 리츠 • 영속형 리츠 : 존속기한이 정해지지 않고 무기한 운영되는 리츠
환매가능 여부	• 폐쇄형 리츠 : 투자금의 환매가 불가능한 리츠 • 개방형 리츠 : 투자금의 환매가 가능한 리츠

출처 : 박원석, 2013, 부동산투자론, 양현사.

대해 충분한 정보를 갖는다는 점을 들 수 있다. 따라서 국내에서는 자산
운용 전문가에 대한 신뢰가 충분히 축적되지 않은 만큼 대부분의 리츠
는 대상특정형 리츠로 운용되고 있다. 한편 합성형 리츠는 모집된 투자
자금의 일부는 특정 자산에 투자하고 나머지는 수탁자의 판단에 의해
투자하도록 조직된 리츠를 말한다.

셋째, 리츠는 레버리지 활용 여부에 따라 부채활용형(leveraged)
리츠와 부채미활용형(unleveraged) 리츠로 유형 분류할 수 있다. 부채
활용형 리츠는 말 그대로 부채를 활용하는 리츠를 말하는데, 차입금 활
용을 통해 레버리지 효과를 활용할 수 있어 투자수익률을 배가시킬 수
있으나 원리금 상환이 어려울 경우 그만큼 도산위험이 커지는 단점이
있다. 부채미활용형 리츠는 부채를 활용하지 않고 지분 투자금액만으

로 자산을 운용하는 리츠를 말하는데 레버리지 효과를 누릴 수 없어 투자수익률은 떨어지나 채무불이행에 의한 도산위험은 방지할 수 있다. 미국과 한국 모두 대부분의 리츠는 부채활용형으로 운용되고 있다.

넷째, 리츠는 존속기한 여부에 따라 기한부(finite-life) 리츠와 영속형(infinite-life) 리츠로 유형 분류할 수 있다. 기한부 리츠는 펀드의 존속기한이 정해져 있는 리츠를 말하는데 리츠는 특정일까지 모든 자산을 처분하고 모든 수익을 펀드지분소유자에게 분배하여야 한다. 반면 영속형 리츠는 존속기한이 정해지지 않고 무기한 운영되는 리츠를 말한다. 부동산 투자의 경우 특정기간 내에 부동산을 매각해야 할 경우 청산의 어려움이 발생할 수 있기 때문에 미국의 대부분 리츠는 영속형 리츠로 운용되고 있다. 이 점은 기한부 리츠가 상당 비중을 차지하는 우리나라 부동산투자회사와는 차이가 나는 점이다.

다섯째, 리츠는 환매 가능 여부에 따라 폐쇄형(closed-end) 리츠와 개방형(open-end) 리츠로 유형 분류할 수 있다. 폐쇄형 리츠는 투자자금의 환매가 불가능한 리츠를, 개방형 리츠는 투자자금의 환매가 가능한 리츠를 말한다. 리츠는 대부분의 자산이 부동산으로 구성되어 있기 때문에 대규모 중도 환매가 들어오면 부동산 매각에 따른 환매의 어려움이 발생할 수 있다. 따라서 대부분의 리츠는 폐쇄형 리츠로 운영되고 있다.

「부동산투자회사법」상 리츠의 유형

전술한 바와 같이 한국형 리츠로는 「부동산투자회사법」상의 부동산투자회사가 있다. 부동산투자회사는 사실상 미국의 리츠 제도를 벤치마킹하여 도입된 제도이기 때문에 국내에서도 부동산투자회사를 통상적으로 리츠로 부른다. 그런데 「부동산투자회사법」이 제정된 이후 몇 차

표 1-3 「부동산투자회사법」상의 리츠 유형 및 특징

유형	자기관리 리츠	위탁관리 리츠	기업구조조정 리츠
투자대상	일반 부동산	일반 부동산	기업구조조정용 부동산
영업개시	국토해양부 영업인가(공모, 기업구조조정 리츠는 금융위 사전협의)		
설립주체	발기인(발기설립)		
관리·감독	국토부 / 금융위	국토부 / 금융위	국토부 / 금융위
회사형태	실체회사 (임직원 상근)	명목회사 (비상근)	명목회사 (비상근)
주식분산*	1인당 30% 이내	1인당 40% 이내	제한없음
주식공모	자본금 30% 이상	자본금 30% 이상	의무사항 아님
상장	요건충족 시 즉시	요건충족 시 즉시	의무사항 아님
자산 관리	자기관리	자산관리회사에 위탁운용	자산관리회사에 위탁운용
배당	90% 이상 의무 배당	90% 이상 의무 배당	90% 이상 의무 배당
회사존속	영속	선택적	한시적

*주 : 부동산투자회사가 보유하거나 개발할 건축물 연면적의 100분의 70 이상을 임대주택(「민간임대주택에관한특별법」에 따른 민간임대주택 및 「공공주택특별법」에 따른 공공임대주택을 말한다)으로 제공하는 경우는 주식분산 요건의 예외로 인정함.
출처 : 「부동산투자회사법」.

레 개정을 거치면서 「부동산투자회사법」상의 리츠 제도는 다양한 유형으로 나누어졌다. 자기관리 리츠, 위탁관리 리츠, 기업구조조정 리츠가 그것이다. 이러한 「부동산투자회사법」상의 리츠의 유형과 특징을 살펴보면 다음과 같다.

첫 번째 유형은 자기관리 리츠다. 자기관리 리츠는 법 제정 시부터 도입되었다. 미국 리츠의 대다수가 자기관리형으로 운용되고 있다는 점에서 부동산투자회사는 자산운용이 가능한 실체가 있는 회사인 자기관리 리츠 형태로 도입된 것이다. 그런데 자기관리 리츠는 법인세 면제를 받지 못하는 회사라는 점에서 간접투자제도의 필수 요건인 이중과세의 배제가 이루어지지 않는 치명적인 문제를 안고 있다. 따라서 국내에서 자기관리 리츠의 설립은 활성화되지 않고 있다. 다만 개발사업 투자를 중심으로 자기관리 리츠의 설립도 점차 늘어나고 있다.

두 번째 유형은 기업구조조정 리츠다. 기업구조조정 리츠는 구조조정용 부동산 투자를 전문으로 하는 회사의 존속기한을 정관에 기재토록 하는 한시적인 명목회사다. 기업구조조정 리츠는 기업 구조조정을 촉진하는 차원에서 기업이 보유한 자산을 원활하게 매각하여 재무구조를 개선할 수 있도록 하는 목적으로 도입되었다. 기업구조조정 리츠는 명목회사인 만큼 자산운용은 외부의 자산관리회사에 위탁해야 한다. 하지만 기업구조조정 리츠는 명목회사로서 법인세가 면제되며 각종 특례를 적용받는다. 이러한 특례에 힘입어 초기에 설립된 리츠들은 대부분 기업구조조정 리츠들이었다.

세 번째 유형은 위탁관리 리츠다. 위탁관리 리츠는 리츠의 설립과 영업활동에 대한 규제를 완화하고 다양한 형태의 리츠 제도 운영을 위해 도입되었다. 위탁관리 리츠는 명목회사로서 법인세 면제 혜택이 부여되며, 자산운용을 외부 전문기관에 위탁 운용해야 한다는 점에서는 기업구조조정 리츠와 유사한 특성을 가지고 있다. 그러나 영속형 회사형태를 취할 수 있고, 요건충족 시 즉시 상장을 해야 한다는 점에서는 자기관리 리츠와 유사한 특성을 가지고 있다. 따라서 위탁관리 리츠는 자기관리 리츠와 기업구조조정 리츠의 특성이 혼합되어 있다고 하겠다.

리츠의 기원과 성장

리츠의 기원

언급한 바와 같이 리츠가 현재와 같이 제도화된 것은 1960년 「내국세법」의 개정에서 비롯되었다. 1960년 미국 연방의회는 「내국세법」 개정을 통해 리츠에 대해 폐쇄형 뮤추얼펀드와 유사한 조세 혜택을 부여하였고 이에 따라 현재와 같은 리츠가 제도화되었다.

당시 미 의회가 리츠에 세제 혜택을 주는 법안을 통과한 명분은 소액 투자자에게도 부동산에 투자할 수 있는 기회를 열어주고 세제 혜택을 누릴 수 있도록 한다는 것이었다. 당시 투자 도관체로 활용되어 세제 혜택을 누리던 신디케이트파트너십(SP: syndicate partnership)이나 유한책임파트너십(LP: limited partnership)은 소액 투자자의 접근이 어려웠고 환금성의 문제도 있었다.

따라서 소액 투자자가 접근하기 용이한 소액 단위의 부동산 지분을 상장하여 환금성을 확보할 수 있는 리츠에 세제 혜택을 부여하게 된 것이다. 다만 앞서 살펴본 바와 같이 리츠로 인정받기 위해서는 엄격한 제약조건이 존재하는데 이는 리츠가 본래의 목적을 벗어나 조세회피 도구로 남용되지 않기 위함이었다.

리츠의 성장과 발전

리츠가 제도화된 1960년 이후 미국의 리츠 시장은 여러 차례 성장과 침체를 반복하면서 성장해 왔다. 그런데 리츠 시장은 처음부터 바로 투자자들의 관심을 보이면서 성장·발전해 온 것은 아니었다. 리츠가 제도화된 1960년대에는 리츠가 자본시장과 투자자로부터 크게 주목을 받지 못했으며, 제도화된 지 10년이 지난 1960년대 말부터 비로소 투자자들의 주목을 받기 시작하였다. 이후에도 리츠 시장의 성장과정은 순탄하지 못했으며 이러한 과정에서 리츠 시장은 몇 차례 성장과 침체를 반복해 왔다.

리츠가 자본시장에서 유력한 투자대안으로 지위를 차지하면서 성장한 것은 1990년대 중반 이후라 할 수 있다. 1990년대 중반 이후의 리츠 산업은 양적으로나 질적으로 유례없을 정도로 비약적인 성장을 이루어 왔다. 그림 1-1은 1970년부터 2015년까지 미국 리츠의 시장가치 추이를 나타낸 그래프다. 그래프에서 보는 바와 같이 리츠 시장 규모가 1990년대 중반 이후 급상승하여 양적으로 빠르게 성장한 것을 볼 수 있다. 실제로 1992년 159억 달러 규모이던 리츠 시장가치가 1997년에는 1,405억 달러 규모로 상승하여 불과 5년 새 시장 규모가 10배 이상 확대된 것을 확인할 수 있다.

특히 2008년 서브프라임모기지발 글로벌 금융위기를 경험하면서 리츠 시장 규모가 반 토막이 되는 위기도 있었으나 곧바로 회복하여 시장 규모가 다시 급성장세를 지속한 바 있다. 실제로 2007년 3,120억 달러에 달하던 리츠의 시장가치가 글로벌 금융위기가 본격화된 2008년에는 1,916억 달러로 위축된 것을 볼 수 있다. 그러나 금융위기가 수습되는 과정에서 리츠의 시장가치도 빠르게 회복되어 2010년에는 리츠의 시장가치가 금융위기 이전 수준을 넘어서는 3,892억 달러로 성장했으며, 이후에도 빠른 성장세를 거듭하여 2015년에는 리츠의 시장가치가 9,389억 달러에 이르게 되었다.

그런데 흥미로운 점은 1990년대 이후 리츠의 시장가치는 빠르게 성장하였으나 리츠 회사 수는 크게 증가하지 않거나 오히려 감소하는 경향도 보이고 있다는 점이다. 실제로 1994년 226개인 리츠 회사 수가 2015년에는 233개로 거의 변화가 없는 것을 확인할 수 있는데 이 기간

그림 1-1 리츠의 회사 수와 시장가치 추이

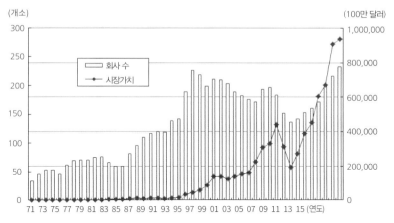

출처 : NAREIT 웹사이트

동안 리츠의 시장가치는 443억 달러에서 9,389억 달러로 21배 증가한 것을 볼 수 있다.

　여기서 리츠 회사 수에 변함이 없는 데도 불구하고 시장가치가 21배 증가했다는 것은 리츠의 평균 회사 규모가 21배 상승했다는 것을 의미한다. 즉 1990년대 이후 리츠 시장 규모가 증가하면서 리츠의 대형화가 이루어져 왔는데 이는 리츠의 자연적인 성장에도 기인하지만 M&A와 같은 인위적인 구조조정의 결과이기도 하다. 다시 말하면 리츠는 고도성장 기간 동안 양적인 성장도 지속적으로 추구했지만 이를 뒷받침하기 위한 질적인 구조개혁 노력도 부단히 모색해 왔다는 점을 확인할 수 있다.

　지금까지 1990년대 이후 리츠 시장이 고도성장한 요인으로는 미국 정부의 제도적인 변화나 미국 자본시장의 여건 변화를 들 수 있고, 리츠

산업 구성원들의 자체적인 구조개혁 노력도 들 수 있다. 여기에 미국의 금융위기와 같은 금융시장의 불안정성도 리츠의 성장에 자양분이 되기도 했다. 따라서 리츠의 고도성장 배경에는 다양한 요인들이 복합적으로 작용했다는 점을 확인할 수 있다. 이러한 맥락에서 리츠 시장의 주요한 성장 요인들을 살펴보면 다음과 같다.

첫째는 우선 주기적으로 발생하는 금융위기를 들 수 있다. 즉 리츠가 비약적으로 성장한 배경으로 당시 미국의 금융시장을 강타한 금융위기와 그 회복 과정이 큰 몫을 한 것이다. 일반적으로 금융위기는 부동산 시장 전반을 심각한 침체 국면으로 몰아넣기 때문에 리츠 시장을 침체시키는 요인으로 작용하기도 하지만, 다른 한편으로는 금융위기 과정에서 발생한 부동산 가격 하락으로 리츠는 부동산 저가 매수 기회를 누릴 수 있어 이를 통해 리츠 산업이 새로운 성장 국면에 들어갈 수 있게 작용하기도 한다.

실례를 들면 1990년대 이후 리츠 시장의 고도성장 배경에는 1980년대 말에 발생한 저축대부조합(S&L)발 금융위기가 주요한 동인으로 작용한 바 있다. 1989년 이후 저축대부조합의 줄도산으로 시작된 금융위기가 부실 은행의 도산으로 이어지면서 이들 금융기관이 저당권을 가진 부동산이 대거 매물로 나오게 됨에 따라 부동산 가격은 급락하였고, 이에 따라 리츠의 수익성도 일시적으로는 하락하게 되었다. 그러나 금융위기는 역설적으로 리츠 산업의 성장에 큰 기회로 다가왔다. 일시적인 금융위기에서 발생한 부동산 가격 하락으로 리츠가 부동산 저가 매수 기회를 누릴 수 있었으며 이를 통해 리츠 산업이 새로운 회복 국면에 들어갈 수 있게 된 것이다. 또한 금융위기의 극복 과정에서 취한 일련의 규제완화 조치들이 리츠 산업의 성장에는 좋은 자양분이 되었다. 여기에 2008년 글로벌 금융위기 때도 리츠 시장은 일시적인 위축이 있었지만 곧바로 금융위기를 고도성장의 기회로 바꾼 역사를 가지고 있다.

두 번째 성장요인으로는 미국 정부의 제도적인 변화를 들 수 있다. 리츠 시장 성장의 주요한 길목마다 리츠 산업에 유리하게 작용한 제도적인 변화가 자리잡고 있었다. 대표적인 예로 1986년의 「조세개혁법」, 1993년의 「총괄예산조정법」, 1997년의 「리츠간소화법」, 2003년의 「REITs개선법」 등을 들 수 있다.

그중에서도 가장 중요한 제도적 변화는 1993년 「총괄예산조정법」의 통과로 연기금 등 기관 투자자들이 리츠에 본격적으로 투자할 수 있는 기회가 제공되었다는 점을 들 수 있다. 1993년 「총괄예산조정법」의 통과로 연기금 등 기관 투자자들을 하나의 주주로 계산하지 않고, 기관의 개별 주주나 수익자의 수를 리츠의 개별 주주 수로 간주하는 조항을 부가하면서 기관 투자자들이 다수의 주주로 인정되어 실질적으로 리츠에 대한 투자를 확대할 수 있게 된 것이다.

이러한 제도 변화는 특히 연기금 등 기관 투자자들의 리츠 투자 활성화를 촉진하는 계기가 되었다. 리츠는 수익구조가 장기적인 운영을 통해 고배당을 제공하는 투자상품이기 때문에 장기적으로 안정적인 자산운용을 원하는 연기금에는 적합한 투자처를 제공할 수 있었다. 기관 투자자들의 리츠 투자에 대한 관심은 다시 투자분석가들의 관심으로 이어졌고 이를 통해 리츠 주식 거래에 참여하는 투자자 수가 증가하면서 리츠 주식시장의 유동성도 증가하는 계기가 마련되었다.

세 번째 성장 요인으로는 리츠 산업 내 구성원들의 자체적인 구조개혁 노력을 들 수 있다. 앞서 언급한 바와 같이 리츠 구성원들은 개별 리츠들이 경쟁력을 제고할 수 있도록 다양한 노력들을 진행해 왔는데 M&A 등을 통해 개별 리츠의 평균 자산 규모를 증가시키므로써 리츠 규모의 경제와 이를 통한 수익성 향상 노력을 거듭해 왔다. 이와 함께 리

그림 1-2 UPREIT의 구조

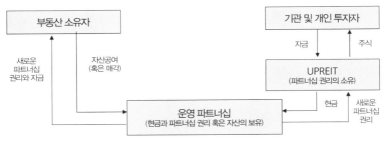

출처 : 박원석, 2013, 부동산투자론, 양현사.

츠 산업의 전문성, 효율성, 투명성을 높여 리츠 산업의 질적인 발전을 꾀하는 노력도 병행하였다.

　이러한 구조개혁 노력 중에서 가장 대표적인 것이 UPREIT 구조의 활용을 들 수 있다. 즉 리츠 산업에 UPREIT라는 혁신 구조가 도입되면서, 여타 부동산 전문 투자회사들이 리츠로 용이하게 전환할 수 있는 기회가 제공되었다는 점을 들 수 있다. 투자기구로서 리츠의 효율성과 상장을 통한 투자지분의 유동화 가능성이 부동산 투자자들에게 알려지면서 기존의 전문적인 노하우를 가진 비공개 부동산회사들이 공개된 리츠로 전환하려는 움직임이 일어났으나 기업 공개 시 발생하는 양도차익에 대한 세금이 걸림돌이 되었다. 그런데 리츠로 전환하기 위해 발생하는 조세 부담을 UPREIT 구조를 활용하여 줄일 수 있게 되었고, 이에 따라 이들 비공개 부동산회사들이 리츠로 전환하는 붐이 일어나게 된 것이다.

　UPREIT란 'Umbrella Partnership REIT'의 약자인데 리츠가 직접 부동산 자산에 대한 소유권을 가지고 있지 않고, 부동산 자산의 소유권을 가진 운영파트너십(OP: operating partnership)의 지분을 소유하고,

리츠는 운영파트너십에 대하여 무한책임파트너로서 운영파트너십 자산 운영의 지배권을 가지게 되는 형태를 말한다. UPREIT의 기본 구조는 그림 1-2와 같다.

UPREIT의 도입 목적은 부동산 소유자들이 UPREIT 구조를 통해 양도소득세를 이연할 수 있기 때문에 유리한 과세시기를 조정할 수 있다는 점을 들 수 있다. 이러한 UPREIT 구조의 활용을 통해 특정 분야에서 오랜 노하우를 축적한 전문 부동산회사들이 리츠로 전환되면서 리츠의 전문화가 진전되었다. 다시 말하면 오피스, 아파트, 쇼핑몰, 창고, 호텔 등 특정 분야에 전문화하여 투자하는 리츠가 증가하면서 리츠 산업의 경영 효율과 수익성이 개선되었고 이를 통해 투자자들을 적극적으로 유인하게 된 것이다.

지금까지 살펴본 바와 같이 리츠는 여러 가지 우여곡절을 겪으면서 현재와 같이 자본시장에서 가장 유력한 부동산 투자 수단으로 성장, 발전해 왔다. 여기에는 제도 변화와 같은 외부적인 요인도 작용했지만, 리츠 산업 내부 구성원들의 끊임없는 구조개혁 노력도 한몫하였고 여기에 금융위기와 같은 위기를 기회로 바꾸는 노력들도 더해졌다. 이러한 리츠의 성장과 발전과정을 면밀히 살펴보는 것은 국내의 부동산투자회사의 성장 기회를 찾는 데도 중요한 단초가 될 것으로 판단된다.

리츠의 세계적 현황

세계의 많은 국가들은 부동산에 간접투자할 수 있는 제도들을 가지고 있다. 자본시장의 발달로 부동산 유동화 제도들이 활성화되면서 부동산 간접투자제도들도 속속 운영되고 있는 실정이다. 표 1-4는 세계 주요 국가의 리츠제도를 비교한 것이다.

부동산 간접투자제도 중에서 가장 대표적인 것이 미국의 리츠다.

표 1-4 주요 국가의 리츠제도 비교

국가	미국	캐나다	호주	싱가포르	홍콩	일본
명칭	REIT	C-REIT	A-REIT(LPT)	S-REIT	H-REIT	J-REIT
도입 연도	1960년	1993년	1971년	1999년	2003년	2000년
집합 투자	불가능	가능	가능	가능	가능	가능
상장	상장/ 비상장	상장/ 비상장	상장/ 비상장	상장/ 비상장	상장	상장/ 비상장
경영	내부/ 외부	내부/ 외부	외부	외부	외부/ 내부	외부
펀드 기구	회사/ 신탁	신탁	신탁	회사/ 신탁	신탁	회사/ 신탁
최소 자본	없음	없음	없음	없음	없음	1억(엔)
최소 주주수	100	150	없음	없음	없음	개인 50 / 기관 투자자
부동산 투자 최소 비율	75%	80%	임대수익의 50%	70%	100%	70%
개발	가능	비즈니스 리츠만 가능	특수한 구조에서 가능	개발 프로젝트 투자만 가능	불가능	불가능
배당 의무 비율	90	없음	없음	최소 90	90 (세후 이윤)	90
도관체 구조	원리금 이체	원리금 이체	원리금 이체	원리금 이체	원리금 이체	원리금 이체
과세	미배당 금액에 법인세 35%	미배당 금액에 신탁세 29%	미배당 금액에 신탁세 30%	미배당 금액에 법인세 20%	특별 목적기구에 소득세 16.5%	미배당 금액에 법인세 30%

출처 : 김동환, 2015, 부동산금융시장의 현황 및 과제, 한국금융연구원.

미국의 리츠는 1960년 소액 투자자에게 부동산 투자기회를 확대하는 것을 목적으로 「내국세법」 개정을 통해 도입되었다. 즉, 미국은 가장 먼저 리츠를 제도화한 국가이며, 현재 전 세계 부동산 간접투자시장의 절반 가까이를 차지하고 있다.

이후 호주, 네덜란드 등에서도 부동산 간접투자제도를 도입했는데 이 제도들은 미국의 리츠제도를 벤치마킹하여 도입되었기 때문에 통상적으로 이들 국가에서도 부동산 간접투자제도를 리츠로 부르게 되었다. 따라서 이제는 리츠가 각국의 부동산 간접투자제도를 일컫는 보통명사가 되었다.

리츠가 아시아를 비롯한 전 세계적으로 확대, 성장하게 된 것은 1990년 말의 금융위기 이후다. 이 시기는 미국의 리츠 시장이 급성장하여 세계의 주목을 받던 시기이며 또한 세계적인 금융위기로 각국이 구조조정을 위해 부동산 유동화제도의 도입을 적극적으로 추진하던 시기이기도 하다. 따라서 전 세계적으로 부동산 간접투자시장의 성장은 1990년대 이후에 본격화되었다고 할 수 있다.

표 1-5는 2010년 현재 시가총액 순위로 1~10위 국가에서 운용 중인 부동산 간접투자상품시장 현황을 나타낸 것이다. 2010년 현재 가장 큰 비중을 차지하는 것이 미국의 리츠다. 미국 리츠는 시가총액 기준으로 전 세계 부동산 간접투자상품의 50%를 차지한다. 따라서 미국의 리츠는 부동산 간접투자제도의 원조일 뿐만 아니라 시장 규모에서도 절대적인 강자를 차지하는 것으로 나타난다.

미국 다음으로 시장 규모가 큰 국가는 호주다. 호주는 1971년 LPT (Listed Property Trusts)제도를 통해 부동산 간접투자상품을 도입하였는데 2010년 현재 시가총액에서 미국 다음인 12% 가량을 차지한다.

최근 들어 일본, 싱가포르, 홍콩과 같은 아시아의 금융 선진국에서

표 1-5 세계의 부동산 간접투자상품시장 현황

순위	국가	명칭	도입연도	시가총액 (억 달러)	비율 (%)
1	미국	REIT	1960	3,527	50.1
2	호주	LPT	1971	830	11.9
3	프랑스	SIIC	2003	761	10.9
4	영국	UK-REIT	2007	386	5.5
5	일본	J-REIT	2000	378	5.4
6	캐나다	C-REIT	1994	271	3.9
7	싱가포르	S-REIT	1999	244	3.5
8	네덜란드	FBI	1969	142	2.0
9	홍콩	H-REIT	2003	117	1.7
10	벨기에	SICAFI	1995	78	1.1

주 : 2010년 3월말 기준
출처 : 不動産證券化協會, 2010, 不動産證券化 ハンドブック.

도 리츠 시장 규모가 확대되고 있는 추세다. 표 1-5에서 보는 바와 같이 2010년 현재 일본은 5위, 싱가포르는 7위, 홍콩은 9위를 차지하고 있다. 우리나라도 리츠제도의 도입이 이들 국가와 유사한 2001년도에 이루어 졌지만 현재 리츠시장 규모는 이들 아시아 금융 선진국에 비하면 매우 미미한 수준으로 나타난다.

리츠의 자산운용

투자상품으로서 리츠의 특징

미국에는 리츠 이외에도 다양한 부동산 간접투자제도들이 운영되고 있는데 이러한 간접투자제도 중에서도 리츠가 두각을 나타내는 데는 나름의 경쟁력과 차별성을 가지고 있기 때문으로 볼 수 있다. 이러한 맥락에서 투자상품으로서 리츠가 가지는 특징을 살펴보면 다음과 같다.

첫 번째로 리츠는 투자 수익의 원천을 자산운용을 통해 발생하는 임대수익에 의존한다는 점이다. 앞서 리츠의 자격 요건에서 살펴본 바와 같이 리츠는 세제 혜택을 받기 위해서는 까다로운 소득 요건을 충족시켜야 하고 보유자산의 단기 처분도 제한되기 때문에, 단기적인 시세차익을 노리는 투자자보다는 보유자산에서 발생하는 안정적인 임대료 수입에 의존하는 것이 요구된다. 따라서 리츠는 주로 임대수익 등 정기적인 현금흐름이 발생하는 상업용 부동산에 투자하며 투자 수익은 보유자산의 운용을 통해 발생하는 정기적인 현금흐름에 의존하게 되는 것이다. 이는 시세차익이 위주가 되는 여타 부동산 투자상품과는 명백히 차별적이다.

두 번째로 리츠는 배당의 안정성을 중시하는 투자 수단이라는 점이다. 앞서 리츠의 자격 요건에서 살펴본 바와 같이 리츠는 발생 수익을 투자자에게 대부분 배당해야 한다. 따라서 리츠 경영자들도 안정적인 배당수익을 자산운용의 우선 목표로 삼고 있으며, 이에 따라 은퇴자 등 안정적인 배당수입을 원하는 투자자들이 주요한 투자 대상이 된다.

세 번째로 리츠는 상장을 통해 유동성을 확보한다. 즉, 리츠는 유동성이 떨어지는 부동산을 소액 단위로 증권화하고 이를 기업 공개(IPO)를 통해 상장하여 유동성이 높은 투자 수단으로 변환시킬 수 있다는 점이다. 미국의 대다수 리츠는 기업 공개를 통하여 지분이 뉴욕증권거래소 등에 상장되어 있다. 이에 따라 소액 투자자들은 자신이 투자한 리츠의 지분을 언제든지 거래소 시장에 매각할 수 있기 때문에 다른 어떤 투자 수단보다 유동성을 확보할 수 있다.

네 번째로 리츠는 대부분 영구적인 계속기업으로서 실물 부동산에 투자하는 회사 성격을 가지고 있다. 미국의 리츠는 일정 기간 운용을 하고 펀드 만기에 부동산을 처분하여 청산하는 기한부 펀드의 성격으로 운용되기보다는 영구적인 기업으로서 운용되고 있다. 이는 단기적인 매각이 어려운 부동산 투자의 성격상 기한부보다는 무기한부로 운용되는 것이 더 적합하다는 점에 기인한다. 또한 국내의 부동산투자회사 시장처럼 반복적인 청산을 통해 시장 규모가 제자리에 머무는 것보다 계속기업으로 운용하는 것이 시장의 성장에 훨씬 유리하다는 점도 들 수 있다.

리츠의 투자 부동산

리츠는 투자자로부터 모집한 자금을 부동산과 관련 대출에 운용한다. 앞서 살펴본 바와 같이 정기적인 현금흐름을 투자자에게 제공해야 하는 리츠의 성격상, 리츠의 자금운용은 안정적인 임대수익이 발생하는 상업용 부동산에 투자하는 것이 일반적이다. 따라서 리츠의 주요 대상이 되는 부동산은 오피스, 쇼핑센터, 호텔, 임대주택, 임대공장, 임대창고와 같은 수익형 부동산이 위주가 된다.

미국의 리츠산업을 대표하는 협회인 NAREIT(National association of Real Estate Investment Trusts)에서는 리츠를 투자 대상에 따라 오피스 리츠, 산업용 부동산 리츠, 소매시설 리츠, 임대주택 리츠, 호텔 리츠, 의료·건강시설 리츠, 보관창고 리츠, 특수목적용 부동산 리츠, 모기지 리츠, 분산투자 리츠로 분류하고 있다. 현재 운영 중인 대부분의 리츠는 오피스면 오피스, 임대주택이면 임대주택 등 부동산 유형별로 자신의 전문 분야에 집중적으로 투자하는 특화된 형태로 자산운용을 하고 있는데 일부 리츠만이 분산투자를 하고 있는 실정이다. 따라서 임대주택 리

표 1-6 리츠의 주요 투자 대상

구 분		주요 유형
부동산	오피스	• 기업본사, 금융기관, 사업서비스 • 행정기관
	소매판매시설	• 독립된 소매판매시설 : 백화점, 할인점 • 쇼핑센터, 지역중심센터
	임대주택	• 임대주택 : 아파트, 단독주택, • 조립식주택
	산업시설	• 공장 • 창고, 물류시설
	호텔	• 호텔, 모텔
	의료·건강시설	• 고령자주택 • 병원, 요양원
	보관창고	• 보관창고
	특수목적시설	• 학교, 교도소, 골프장, • 임야, 사회간접자본시설
부동산관련 대출	부동산 저당대출	• 부동산 저당대출
부동산관련 유가증권	주식	• 리츠 주식
	채권	• MBS, CMBS

출처 : "박원석, 2013, 부동산투자론, 양현사."의 내용을 수정, 보완함

츠라 하면 투자자산의 대부분을 임대주택에 투자하는 리츠를 통상적으로 부른 명칭이라고 하겠다. 표 1-6은 리츠의 주요 투자 대상의 유형을 나열한 것이다.

그림 1-3은 미국에서 리츠의 부동산 유형별 투자 비중의 추이를 나타낸 것이다. 그림에서 보는 바와 같이 리츠의 투자대상은 실물 부동산에 투자하는 지분형 리츠의 비중이 전체의 90% 이상을 차지하고 있다. 따라서 모기지 리츠가 제도적으로 허용되고 있지만 대부분 리츠는 기본

그림 1-3 리츠의 투자 부동산 유형별 시장가치 비중의 추이(단위:%)

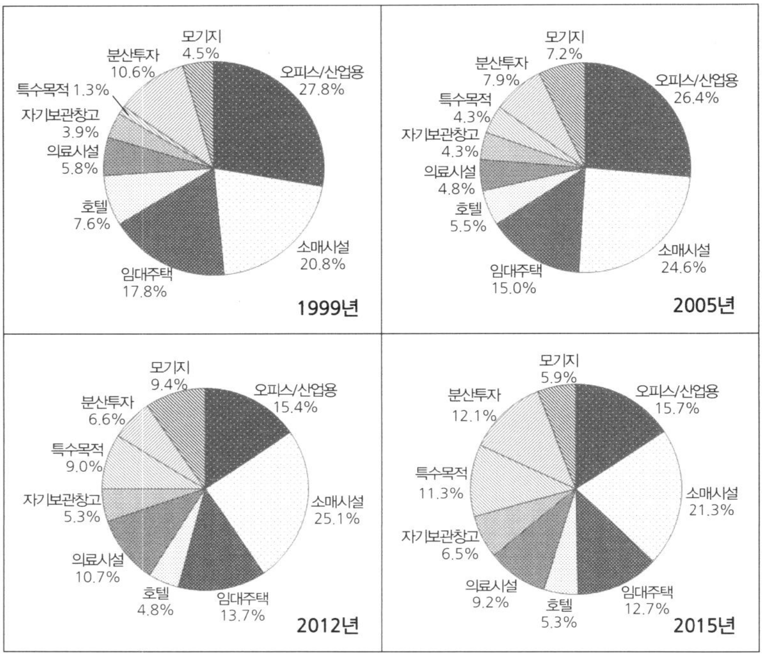

출처 : NAREIT 웹사이트

적으로 실물 부동산 투자를 통해 자산운용을 실행하고 있는 것을 볼 수 있다.

실물 부동산에 직접 투자하는 지분형 리츠 중에서는 여러 유형의 부동산에 분산투자하는 리츠보다는 특정 유형의 부동산에 전문적으로 투자하는 리츠의 비중이 높은 것으로 나타난다. 따라서 리츠의 자산운용 대상은 리츠별로 전문화되어 있음을 볼 수 있다. 이는 부동산 투자의 특성상 자산관리의 전문성이 중요하기 때문에 분산투자를 통한 포트폴리오의 이익보다는 자신의 전문 분야에 특화하여 투자하고 자산관리하는 이익이 더 크다는 점을 반영한다. 그래서 오피스 리츠, 임대주택 리츠 등 전문화된 리츠가 보편화된 것이 중요한 특징이라 하겠다.

투자 부동산의 유형별로 보면 리츠의 주요 투자 대상은 오피스/산업용 부동산, 소매시설, 임대주택 순으로 나타난다. 이 세 가지 유형의 부동산은 리츠 시장 규모의 절반 이상의 비중을 항상 차지해 왔는데 이런 의미에서 오피스, 소매시설, 임대주택을 흔히 리츠의 빅 3로 부르고 있다.

그림 1-3에서 보는 바와 같이, 이 세 분야는 항상 50% 이상의 비중을 차지하고 있음을 볼 수 있다. 다만, 소매시설은 비중이 늘어나고 있지만 오피스와 임대주택은 비중이 감소되고 있는 추세다. 소매시설 리츠는 최근 들어 소비자의 트렌드 변화에 대응하여 새로운 업태와 시설의 개발을 통해 성장과 경쟁력 확보 전략을 구사한 결과 비중이 지속적으로 늘어나고 있다. 반면 오피스나 임대주택과 같은 전통적인 강자는 소매시설이나 의료·건강시설과 같은 새롭게 떠오르는 분야에 밀려 비중이 감소하고 있다.

빅 3 다음으로 높은 비중을 차지하는 부동산 분야로는 의료·건강시설이 있다. 의료·건강시설 리츠가 주로 투자하는 분야로는 고령자주택, 요양원, 병원 등이 대표적이다. 의료·건강시설의 비중은 2000년대 들어와서 지속적으로 증가하고 있는데, 실제로 1999년 5.8%에서 2015년 9.2%로 그 비중이 두 배 가까이 상승한 것을 볼 수 있다. 의료·건강시설 리츠가 빠르게 성장하는 것은 고령화 사회가 가속화되고 건강에 대한 일반인들의 관심이 늘어나면서 의료·건강시설에 대한 수요가 늘어나고 있기 때문으로 판단된다.

이외에도 리츠는 호텔, 자기보관창고, 사회간접자본과 같은 특수목적용 부동산에도 투자하고 있다. 특히 최근 들어 전통적인 빅 3보다는 이들 분야의 투자 비중이 늘어나고 있는데, 이는 그만큼 리츠가 다양한 분야로 투자대상을 확대하고 있음을 의미한다.

리츠의 자산운용 전략과 특징

리츠는 안정적인 임대료 수입을 주요 기반으로 하는 만큼 안정된 임차인 기반 확보를 통해 경쟁력을 강화하고 새로운 시장의 개척을 통해 성장을 구사하는 등 다양한 전략을 구사하고 있다. 즉, 많은 리츠가 성장성과 안정성이라는 두 마리 토끼를 잡기 위해 우량한 시장에 선택과 집중을 하는 등 나름의 자산운용 전략을 구사한다. 물론 리츠는 부동산 유형별로, 그리고 개별 리츠 회사별로 성장요인과 투자 전략에서 차별성이 있지만 그러나 대다수의 리츠들이 공유하고 있는 자산운용 전략 역시 존재한다. 이러한 맥락에서 리츠의 자산운용 전략과 특징을 살펴보면 다음과 같다

첫째, 리츠는 일반적으로 다변화 투자보다는 전문 분야에 집중적으로 투자하는 전략을 구사한다. 앞서 살펴본 바와 같이 리츠의 투자자산을 보면 분산투자를 하는 리츠는 10% 내외에 불과하고 나머지 90%의 리츠는 자신의 전문 분야에 집중 투자하는 전략을 구사한다. 이는 분산투자를 통해 발생 가능한 포트폴리오 다변화의 이익보다는 자신의 전문 분야에 특화하여 투자하고 이를 전문적으로 관리하여 발생하는 효율성과 그에 따른 수익성의 증가분이 훨씬 크다는 것을 의미한다.

실제로 1990년대 이후 설립된 리츠의 상당수는 전문적인 노하우를 가진 비공개 부동산회사들이 공개된 리츠로 전환한 경우가 많았다. 이러한 리츠의 설립 역사 역시 특정 분야에 전문화된 리츠가 정착하게 된 주요한 계기가 되었다고 볼 수 있다.

둘째, 리츠는 안정된 임차인 기반 확보를 위한 다양한 전략을 가지

고 있다. 앞서 살펴본 바와 같이 리츠는 안정적인 임대료 수입을 주요 기반으로 하는 만큼 안정된 임차인 기반 확보가 리츠의 수익성과 경쟁력을 결정하는 중요한 요소가 된다. 이에 따라 많은 리츠들은 안정된 임차인 기반 확보를 위한 다양한 전략을 가지고 있다.

예를 들면 오피스 리츠 중에서는 공공기관과 신용등급 A등급 기업과 같이 신용도가 높은 임차인만을 엄선하여 회사의 브랜드 가치를 높이고 안정된 수익기반을 확보하는 전략을 구사하는 경우도 있다. 즉, 엄선된 임차인 관리를 통해 리츠의 자산운영 능력이 시장에서 인정받을 경우 리츠에 대한 브랜드 파워가 쌓이면서 임차인은 브랜드 가치가 높은 리츠에 더 많은 임대료를 지불할 의사를 가지게 되고 이에 리츠의 수익성이 향상되는 선순환 구조를 활용할 수 있다.

셋째, 리츠는 적극적으로 새로운 시장의 개척을 통해 성장을 구사하는 전략을 활용하기도 한다. 즉, 공간 수요에 대한 트렌드 변화와 소비자의 니즈 변화에 적극적으로 대응하여, 회사의 성장 전략으로 활용하는 경우를 말한다.

예를 들면 소매시설 리츠는 경쟁력 강화와 새로운 업태의 개발을 통한 경쟁력 확보를 위해 다양한 전략을 구사하고 있다. 많은 소매시설 리츠가 소비자의 트렌드 변화에 대응하여 새로운 업태와 시설의 개발을 통해 성장과 경쟁력 확보 전략을 구사하고 있다. 지역중심센터 리츠는 대부분 개발사업을 통해 새로운 사이트를 확보하고 있으며 아웃렛센터 역시 최근에 개발된 업태인 만큼 개발사업을 활발하게 활용하고 있다. 또한 리츠 중에서는 신규 개발은 물론 기존의 소매시설을 매입하여 재개발 또는 리모델링하는 방법을 활용하는 전략을 구사하기도 한다.

넷째, 리츠는 자산운영의 전문성 강화와 차별적인 서비스 제공을 통해 경쟁력을 확보하는 전략을 구사하기도 한다. 이는 소비자에게 다

양한 서비스를 제공하는 것이 경쟁력 확보에 중요한 관건이 되는 소매
시설 리츠, 호텔 리츠 등에서 주로 구사하는 전략이다.

특히 소매시설 리츠는 일반적으로 임대차 계약을 매출액에 연동하
는 비율임대차 계약으로 맺는 경우가 많기 때문에 임차인의 매출액이
곧 리츠의 임대료 수입으로 직결된다. 따라서 소매시설 리츠들은 임차
인의 매출액을 끌어올리기 위한 다양한 상가 조성 노력을 제공한다. 여
기에는 고객 유인을 위해 매장을 지속적으로 새로운 콘셉트로 변화시키
는 방안, 다양한 이벤트를 통해 고객을 끌어들이는 전략 등이 있다.

02
임대주택 리츠의 현황 및 필요성

임대주택 리츠의 현황

임대주택 리츠의 개요

임대주택 리츠는 임대주택에 전문적으로 투자하는 리츠를 말한다. 주택 임대사업은 다른 부동산보다 임차인 기반이 넓고 보편적이기 때문에 안정적인 임대수입을 올릴 수 있어 투자의 현금흐름의 예측 가능성이 높다는 점에서 리츠의 가장 중요한 투자 분야가 되고 있다. 임대주택 부문에서 리츠의 주요한 투자 대상은 크게 임대아파트와 조립식주택으로 나눌 수 있다.

첫째, 임대아파트는 임차인 기반이 넓고 안정적인 임대수입을 올릴 수 있어 리츠의 가장 중요하고 유력한 투자 대상이 되고 있다. 다만 미국은 통상적으로 임대아파트의 임대차 기간이 1년 정도로 단기이기 때문에 임차인의 잦은 교체로 인해 임대차 관리에 많은 비용이 들어가는 단점이 있다. 미국에서는 통상적으로 아파트라고 하면 월세 수익이 발생하는 임대아파트를 지칭할 정도로 임대아파트가 보편화되어 있다. 따라서 임대수익을 주목적으로 하는 리츠에서는 아파트가 주요한 투자 대상이 된다.

둘째, 조립식주택(manufactured housing)도 리츠의 주요한 투자

대상이다. 조립식주택 또는 이동식주택(mobile home)이란 택지 소유주가 택지를 조성하여 임차한 후 임차인이 이동 가능한 조립식주택을 건축하는 형태로, 임차인의 입장에서는 주택은 소유하되 택지는 임차하는 형태를 말한다. 반대로 리츠의 입장에서는 택지만 소유하고 임차인에게 택지만 임대차하게 된다. 따라서 조립식주택 리츠는 주택 소유 및 관리에 따른 비용 부담을 줄일 수 있기 때문에 비교적 임대차 관리가 편리하다는 장점이 있지만 조립식주택 단지의 전반적인 관리가 까다롭다는 단점이 있다. 조립식주택 리츠는 임대아파트 리츠만큼 비중이 크지 않지만, 그래도 의미 있는 수준의 투자 비중은 늘 유지하고 있다.

임대주택 리츠의 시장 현황 및 특성

2015년 말 현재 임대주택 리츠의 시장 규모는 총 1,190억 달러로, 전체 리츠의 12.7%를 차지한다. 이 중 임대아파트 리츠가 1,099억 달러를, 조립식주택 리츠가 91억 달러를 차지하고 있다. 전체 리츠에서 임대주택 리츠가 차지하는 비중은 점차 감소하고 있지만 그래도 빅 3로서의 비중은 여전히 유지하고 있다.

투자상품으로서 임대주택 리츠는 일반적으로 저위험-저수익 투자상품의 특성을 가지고 있다고 할 수 있다. 우선 임대아파트 리츠를 보면 투자의 이점으로는 비교적 수요를 예측하기 쉬우며, 임대차 기간이 통상 1년 정도로 짧기 때문에 임대료를 올릴 수 있는 유연성이 크다는 점을 들 수 있다. 반면 투자의 위험요소로는 관리 집약적이기 때문에 관리비용이 많이 들고 임대차 기간이 1년 정도로 짧기 때문에 임차인의 이동이 상대적으로 많으며, 주택단지의 노후화에 대응하기 위한 자본적 지출이 많다는 점을 들 수 있다.

다음으로 조립식주택 투자의 이점은 임차인의 이주율이 낮아 안정된 수익 창출이 가능하고, 자본적 지출이 적고 관리 부담이 작다는 점을 들 수 있다. 반면 단점으로는 제도적 또는 관행적으로 임대료 인상이 어렵다는 점을 들 수 있으며, 토지에 대한 임대차 수익만 창출됨으로 인해 소득수익률이 다른 유형의 부동산보다 낮다는 점을 들 수 있다.

미국은 임대차시장의 대부분이 월세시장이기 때문에 임대아파트가 보편화되어 있으며 이에 따라 임대주택 리츠는 의미 있는 주거 대안으로 자리 잡고 있다. 우리나라도 저금리에 따른 여건 변화로 전세시장이 급격하게 월세시장으로 전환되는 과정에 있기 때문에 임대주택 리츠에 대한 관심이 고조되고 있는 실정이다.

임대주택 리츠의 필요성

월세시장으로의 임대차시장 재편에 따른 대안 마련

주지하다시피 저금리 상황이 장기적으로 지속됨에 따라 임대차시장이 전세시장에서 월세시장으로 급격하게 재편되고 있다. 저금리가 지속되어 전세 보증금에서 발생하는 이자수입이 급격히 감소함에 따라 집주인들이 너도나도 전세를 월세로 전환하는 움직임을 보이고 있는 것이다. 그 결과 불과 몇 년 전만 하더라도 임대차시장의 대다수를 차지하던 전세주택이 월세주택으로 전환되면서 이제는 월세주택이 임대차시장의 주류를 형성하고 있다.

월세시장이 임대차시장의 주류를 형성함에 따라 임차인들은 급격한 주거비 상승의 어려움을 겪고 있다. 전세 보증금에서 부담하는 이자비용보다 월세비용이 훨씬 커지기 때문이다. 따라서 월세시장으로의 임대차시장 재편에 따라 급증하고 있는 서민의 주거비 부담을 경감시킬 수 있는 대안 마련이 필요하다.

이러한 대안으로 유력하게 검토되는 것이 공공임대주택 리츠라 할 수 있다. 앞서 살펴본 바와 같이 리츠는 안정적인 임대료 수입을 통해 수익성을 확보하는 투자상품이다. 과거와 같이 전세시장이 주류를 이루던 시절에는 월세를 기본으로 하는 임대주택 리츠의 활용 가능성이 거의 없었다. 임대주택 리츠가 발달한 미국도 임대차시장이 월세 위주로 움직이기 때문에 가능하다고 하겠다. 그러나 현재와 같이 월세시장이 주류를 이루는 상황에서는 임대주택 리츠의 활용 폭이 커지게 되었다는 점이다.

특히, 서울주택도시공사와 같은 공공 부문이 설립하는 공공임대주택은 서민의 주거비 안정화를 위해 임대료를 통제하고 있는 만큼, 월세시장 중심으로 개편된 임대차시장에서 월세 부담으로 고통을 받고 있는 서민들에게는 중요한 주거 대안이 될 수 있는 것이다. 이러한 의미에서 국내에서도 임대주택 리츠 내지는 공공임대주택 리츠의 필요성이 등장한다고 하겠다.

기업형 임대주택의 도입을 통한 안정적 주거 보장

전세 임대주택은 주로 개인 간의 거래로 공급되어 왔다. 그런데 전세 임대주택은 임차인의 사정이 아니라 임대인의 사정에 의해서도 계약이 완료되는 경우가 잦아서 임대차 계약의 안정성이 매우 떨어지는 문제점이 있다. 이에 따라 전세주택에서는 임차인들이 장기적으로 안정적인 주거생활을 영위하기가 어려웠다.

그런데 기업형 임대주택이 도입될 경우, 임차인들은 장기적으로 한 주택에서 주거활동을 영위할 수 있게 된다. 따라서 기업형 임대주택의 도입으로 인해 임차인들의 임대차 계약의 안정성과 주거 안정성이 훨씬 두텁게 보장될 수 있다.

여기에 기업형 임대주택은 다양한 수준의 임대주택이 공급될 수 있는 방편을 열어 준다. 과거에는 국내의 임대차시장이 전세주택과 공공 임대주택으로 양분되어 있어서 임차인들의 임대주택 선택권이 제한되어 왔다. 그렇지만 기업형 임대주택이 활성화될 경우, 임차인들이 선택할 수 있는 유력한 제3의 대안이 등장하게 되는 것이다.

또한 기업형 임대주택은 전문적인 임대주택 회사에 의해 관리가 되기 때문에 임대주택 관리의 질도 높아질 수 있다. 따라서 임차인들은 보다 양질의 다양한 주거서비스를 받을 수 있는 장점도 존재한다.

이러한 기업형 임대주택의 공급은 주로 부동산 투자 전문 기관투자가들에 의해 이루어지는데 가장 대표적인 것이 바로 임대주택 리츠다. 미국의 경우, 임대주택 리츠가 보유한 규모가 전체 기업형 임대주택 재고에서 상당한 비중을 차지한다. 따라서 기업형 임대주택의 도입을 통해 안정적인 주거 보장을 도모하는 만큼 이를 공급하는 투자 주체로서 임대주택 리츠의 활성화가 필요하다고 하겠다.

청년층 등 주거약자의 주거안정을 위한 공공 임대주택의 대안

국내의 높은 주거비 부담으로 누구보다도 가장 고통을 받는 계층은 신혼부부, 사회초년생 등 청년층과 같은 주거약자들이다. 특히 청년층들은 실업과 비정규직 문제로 소득이 정체하는 속에서도 이들이 부담해야 하는 주택가격과 주거비용은 이들의 소득 수준으로 감당이 되지 않는 매우 높은 것이 현실이다. 즉, 소득수준에 비해 너무 높은 주택가격으로 인해 상당수 청년층들의 입장에서 주택은 더 이상 부담 가능한 주택이 되지 않는 것이 현실이다.

따라서 이러한 청년층 등 주거약자들에게 어떻게 부담 가능한 주택을 공급할 것인가가 국내 주거복지 정책에서 가장 중요한 이슈가 되고 있다. 그런데 지금까지 국내 주거복지 정책의 기조를 보면 주로 저소득층에 초점이 맞추어진 공공임대주택의 공급에 초점이 맞추어져 있다. 따라서 청년층과 같은 주거약자들은 주거복지 정책의 사각지대에 놓여 있는 실정이다.

미국을 비롯한 선진국에서는 주거복지 전략의 중요한 축으로 저소득층뿐만 아니라 무주택 중산층들의 주거비 부담을 경감하기 위한 부담가능주택(affordable housing)의 체계적 공급을 두고 있다. 특히 이러한 부담가능주택의 공급과 운영을 위해 자본시장에서 민간자본을 적극적으로 활용하고 있는 실정이다. 미국에서는 부담가능주택과 기숙사 등에 전문적으로 투자하는 리츠도 운영되고 있다.

이러한 맥락에서 국내에서도 청년층을 위해 효율적이며 지속가능한 임대주택의 확대가 필요한데 이러한 방편으로 미국과 같이 임대주택 리츠를 활용하는 방안을 강구할 수 있다. 이를 통해 주거복지가 저소득층만이 아닌 청년층과 무주택 중간층 등 저자산계층에게 보편적인 주거 대안이 될 수 있는 부담가능주택의 확충에도 효과적인 정책수단으로 활용될 수 있는 것이다.

중산층을 위한 양질의 임대주택 공급[4]

지금까지 국내에서는 임대주택 정책이 저소득을 위한 공공임대주택의 공급에만 초점이 맞추어져서, 일반 국민들은 임대주택 단지를 저소득

---

4) 중산층을 위한 양질의 임대주택 공급에 대한 내용은 "박원석, 2009, 수요자 분석을 통한 임대주택 REITs의 특성 및 활용가능성에 관한 연구 — 미국 시애틀의 Ballinger Commons 사례를 중심으로, 지역연구, 25(4), 한국지역학회, 83~106"의 내용을 인용하였다.

층이 주거하는 열악한 주거시설로 인지하게 되었다. 이에 따라 중산층 이상의 계층에서는 임대주택 단지를 주거 대안으로 선호하지 않게 되고 자기가 직접 소유하는 자가주택으로 주거를 해결하면서 주택가격이 상승하는 문제를 안게 되었다.

즉, 중산층 이상의 주택수요가 자가주택에만 집중하게 되므로 일시에 몰린 주택수요가 투기적 수요와 결합하여 주택 가격을 급상승시키게 되었다는 점이다. 그런데 임대주택이 중산층 이상이 충분히 양질의 주거서비스를 누리면서 살 수 있는 공간으로 탈바꿈된다면 임대주택에 대한 인식이 변화되면서 저소득층 대상의 임대주택과 자가주택으로 양분된 주택시장에서 중산층 대상의 기업형 임대주택이 제3의 대안이 될 수 있을 것이다.

미국을 비롯한 주요 선진국에서는 임대주택이 이미 저소득층의 주거 형태만이 아니라 중산층과 고소득층의 주거수요를 흡수하는 대안으로 자리잡고 있다. 임대주택의 주요 투자자인 리츠가 다양한 편의시설을 갖춘 양질의 임대주택 단지를 매입 및 개발하여 이를 안정적으로 관리하므로써 중산층과 고소득층의 주거수요를 끌어들이고 있는 것이다. 따라서 이러한 중산층을 위한 양질의 임대주택 공급을 위해서는 임대주택 리츠의 필요성이 크다고 하겠다.

2부

임대주택 리츠의 국내외
사례 분석

01
미국 임대주택 리츠

미국 임대주택 리츠의 현황 및 특징[5]

임대주택 리츠의 현황

전미리츠협회인 NAREIT(National Association of Real Estate Investment Trusts)의 통계자료에 따르면 2015년 12월 말 현재 미국의 임대주택 리츠는 총 19개가 있으며 시가총액은 1,190억 달러에 이른다. 이는 전체 리츠 중에서 회사 수 기준으로 8.4%, 시가총액 기준으로 12.7%에 해당하는 것이다. 시가총액 기준으로 전체 리츠에서 임대주택 리츠가 차지하는 비중이 1999년 17.8%임을 비추어 볼 때 임대주택 리츠의 비중은 지속적으로 감소하고 있으나 여전히 소매시설 리츠와 오피스 리츠에 이어 세 번째로, 빅 3로서 리츠의 주요 투자 대상 분야임을 확인할 수 있다.

표 2-1은 2015년 7월 말 현재 임대주택 리츠 중에서도 임대아파트 리츠[6]의 회사별 시가총액 현황을 나타낸 것이다. 가장 규모가 큰 리츠

---

5) "미국의 임대주택 리츠의 현황 및 특징"은 기본적으로 "박원석, 2015, 임대주택 리츠의 해외 사례 및 시사점, 주택도시연구, 5(2), 17~32"의 내용을 근간으로 하였다. 따라서 이 장의 상당 부분은 박원석(2015)의 연구를 인용한 것이며, 여기에 본고의 맥락에 맞게 수정, 보완, 재구성하였다. 임대주택 리츠에 대한 최신의 정보는 NAREIT 웹사이트 등을 참조하였다.

표 2-1 임대주택 리츠의 시가총액(2015년 7월 말 현재)

구 분		시가총액 (100만 달러)	비율 (%)
일반 임대주택	Equity Residential Properties Trust	27,230	25.4
	AvalonBay Communities	22,608	21.1
	Essex Property Trust Inc.	14,754	13.8
	UDR, Inc.	8,756	8.2
	Camden Property Trust	6,879	6.4
	Apartment Investment and Management Company	6,107	5.7
	Mid America Apartment Communities	6,045	5.6
	Post Properties, Inc.	3,086	2.5
	Associated Estates Realty Corporation	1,653	1.5
	Monogram Residential Trust	1,577	1.5
	NexPoint Residential Trust	276	0.3
	Independence Realty Trust, Inc.	259	0.2
	Trade Street Residential, Inc.	257	0.2
	Bluerock Residential Growth REIT	230	0.2
	Preferred Apartment Communities, Inc.	225	0.2
기숙사	American Campus Communities, Inc.	4,191	3.9
	Education Realty Trust, Inc.	1,520	1.4
	Campus Crest Communities, Inc.	368	0.3
고령자 주택	Home Properties Inc,	4,268	4.0
공공 임대주택	Community Development Trust	—	—
계		107,206	100.0

주 : Community Development Trust의 경우 상장된 리츠가 아니기 때문에 시가총액이 발표되지 않음.
출처 : NAREIT, 각 리츠 웹사이트 참고. "박원석, 2015, 임대주택 리츠의 해외 사례 및 시사점, 주택도시연구, 5(2), 17~32"에서 재인용.

─────

6) 이하 임대아파트 리츠는 임대주택 리츠로 명명한다.

인 EQR(Equity Residential Properties Trust)은 2015년 말 기준으로 시가총액이 290억 달러에 이르는데 미국 전역에 걸쳐 394개의 임대주택 단지에서 10만 9,652호의 아파트를 보유, 운영하고 있다. 평균적으로 보면 임대주택 리츠의 시가총액은 56억 달러에 이른다.

표 2-1에서 보듯이 대다수의 임대주택 리츠는 모든 임차인을 대상으로 하는 일반적인 임대주택에 투자하는 리츠다. 이들 임대주택 리츠는 통상적으로 임대주택 단지를 통째로 직접 개발하거나 매입하고, 이를 지속적으로 운영하여 임대료 수입을 창출하고 투자자들에게 배당하는 구조를 가지고 있다.

그런데 임대주택 리츠 중에서는 임차인 집단을 특화한 리츠도 운영되고 있다. 여기에는 대학생을 표적으로 하는 기숙사 리츠, 고령자를 표적으로 하는 고령자주택 리츠, 저소득층을 표적으로 하는 공공 임대주택 리츠가 있다. 2015년 7월 말 현재 기숙사 리츠 3개, 고령자주택 리츠 1개, 공공 임대주택 리츠 1개가 운영되고 있다. 이들 기숙사, 고령자 및 공공 임대주택 리츠는 전체 임대주택 리츠에서 차지하는 비중이 10%를 넘지 않으나, 특정 표적 집단에 특화된 틈새시장 역할을 하고 있다.

임대주택 리츠의 자산관리 전략의 특징

임대주택 리츠는 운영의 효율성을 높이고 경쟁력을 확보하기 위한 나름의 투자 및 자산관리 전략을 구사하고 있다. 이러한 임대주택 리츠의 주요한 자산관리 전략 및 그 특징을 살펴보면 다음과 같다.

첫째, 대부분 임대주택 리츠는 주력 임차인 집단을 중간층 및 고소득층을 대상으로 하여, 중급 또는 고급의 임대주택 투자와 운영에 집중하고 있다. 표 2-2에서 보는 바와 같이, 일반 임대주택의 대부분은 주요 중산층 또는 고소득층을 주요 표적집단으로 하고 있다. 따라서 미국의 임대주택 리츠가 투자하는 임대주택은 저소득층의 주거형태만이 아니라 중산층과 고소득층의 주거수요를 흡수하는 대안으로 자리 잡고 있음을 확인할 수 있다. 이러한 점은 저소득층을 위주로 하는 국내의 공공임대주택과는 차이가 난다.

따라서 리츠는 중산층 이상을 표적으로 하는 만큼 수영장, 체육시설, 레크리에이션 시설 등 양질의 부대시설을 갖추고 있으며, 이러한 시설들을 안정적으로 운영해 이들 임차인의 주거만족도를 높이는 전략을 가지고 있다. 이를 통해 미국의 임대주택 리츠는 중산층과 고소득층의 유의미한 주거대안으로 자리 잡고 있는 것이다.

둘째, 대부분의 임대주택 리츠는 주택단지 전체를 100% 보유·운영하는 방법을 활용하고 있으며, 단지 내 일부 아파트 유닛을 소유하거나 합작투자를 하는 경우는 제한적이다. 따라서 임대주택 리츠는 임대주택을 단순히 투자만 하는 펀드회사가 아니라 임대주택의 설계·개발·투자·관리·운영을 담당하는 종합 임대주택 투자·운영회사임을 볼 수 있다. 이는 리츠가 되기 위해 까다로운 자격 요건을 갖추는 과정에서 자연스럽게 이루어지는 현상이다. 이에 따라 임대주택 리츠의 설립은 임대주택 개발 및 관리에 대한 전문적인 노하우를 가진 전문가에 의해 이루어지고 있다.

셋째, 임대주택 리츠는 자산관리 전략에서 투자 자산의 매입과 개발을 병행하고 있다. 대부분의 리츠는 임대주택 단지 전체를 일괄적으로 보유·운영하는 전략을 가지고 있기 때문에 기존의 임대주택 단지를 전체를 매입하여 투자 부동산을 확보하는 전략도 활용하지만, 신규 개발을 통해 임대주택 단지를 확보하는 전략도 병행하고 있다. 신규 개발은 회사의 고유한 브랜드 이미지에 맞는 투자·운영 전략을 구사하기에 용이하기 때문에 대부분의 임대주택 리츠는 신규 개발을 병행하고 있는

표 2-2 임대주택 리츠별 주요 투자 전략1 : 일반 임대주택

구 분		주요 투자 전략
일반 임대 주택	Equity Residential Properties Trust	중간층 주택 투자 매입, 개발, 재개발 병행
	AvalonBay Communities	고소득층 주택 투자 매입, 개발 재개발 병행
	Essex Property Trust Inc.	중간층 및 고소득층 주택 투자 개발 위주
	UDR, Inc.	고소득층 대상 고급주택 투자 대도시 중심지 위주 투자 개발 및 재개발 위주
	Camden Property Trust	중간층 및 고소득층 주택 투자 매입, 개발, 재개발 병행
	Apartment Investment and Management Company	고성장지역의 중간층 주택 투자 매입위주 투자, 재개발
	Mid America Apartment Communities	중간층 및 고소득층 주택 투자 대도시 부동산 매입투자 및 재개발
	Post Properties, Inc.	고층 아파트, 중고소득층 대상 개발 위주
	Associated Estates Realty Corporation	중간층 고소득층 주택 투자 개발 위주
	Monogram Residential Trust	고소득층 대상 고급주택 투자 매입, 개발 병행
	NexPoint Residential Trust	노동자 주택 전문 투자 매입 위주, 자산관리 외부위탁
	Independence Realty Trust, Inc.	중간층 및 고소득층 주택 투자 매입 위주, 중저층, 자산관리 위탁
	Trade Street Residential, Inc.	중간층 및 고소득층 주택 투자 매입, 개발 병행
	Bluerock Residential Growth REIT	중간층 대상 주택 투자 매입 위주
	Preferred Apartment Communities, Inc.	중간층 및 고소득층 주택 투자 매입 위주

출처 : NAREIT, 각 리츠 웹사이트 참고. "박원석, 2015, 임대주택 리츠의 해외 사례 및 시사점, 주택도시연구, 5(2), 17 ~ 32"에서 재인용.

것이다.

넷째, 임대주택 리츠는 모두 영속형의 계속기업으로 운영되고 있다. 즉, 우리나라의 부동산투자회사처럼 기한부 리츠로 운영되다가 청산하는 구조를 가지고 있지 않고 영속적인 기업으로서 운영되고 있는 것이다. 이러한 특징 때문에 대부분의 리츠는 설립 이후 추가적으로 자산을 매입하거나 개발하는 등 회사규모를 성장시키는 전략을 가지고 있으며, 특히 1990년 말 이후에는 과감한 M&A 등을 통해 회사 규모를 성장시킴으로써 자산관리의 규모의 경제와 효율성을 추구하고 있다. 이러한 점은 미국의 임대주택 시장이 전문성을 높이면서 지속적으로 성장할 수 있는 밑거름이 되고 있다.

다섯째, 많은 임대주택 리츠는 임대주택 수요 변화에 대응하여 차별화된 경쟁력을 가질 수 있도록 하는 고유의 자산관리 전략을 가지고 있다. 즉, 임대주택 수요자의 선호 변화에 주목할 뿐만 아니라 수요자의 니즈 변화와 기술변화에 대응하여 새로운 주거환경을 창출하는 전략을 가지고 있는 것이다. 예를 들면 진입장벽이 높은 지역에 선택적으로 투자하여 안정적인 수요를 확보하려는 전략(Avalon Properties), 기존의 아파트 매입보다는 수익성을 중시한 아파트 신규개발에 중점을 두는 전략(Columbus Realty), 마지막으로 고객에게 표준화된 제품을 제공하는 등 브랜드 이미지 창출을 통해 경쟁력을 확보하려는 전략(Post Properties) 등을 들 수 있다(박원석, 2013).

한편 리츠에 따라서는 성장성과 안정성이 높은 시장에 선택과 집중을 통해 경쟁력을 확보하려 하는 경우도 있다. 앞서 살펴본 바와 같이 임대주택 리츠 중에서는 표적 임차인 집단을 특화한 리츠도 운영되고 있는데, 여기에는 대학생을 표적으로 하는 기숙사 리츠, 고령자를 표적으로 하는 고령자주택 리츠, 저소득층을 표적으로 하는 공공 임대주택

표 2-3 임대주택 리츠별 주요 투자 전략2 : 특화된 임대주택

구 분		주요 투자 전략
기숙사	American Campus Communities, Inc.	• 대학생 기숙사 및 임대주택 • 매입, 개발 병행 • 직영과 관리위탁사업 병행
	Education Realty Trust, Inc.	• 대학생 기숙사 및 임대주택 • 매입, 개발 병행 • 직영과 관리위탁사업 병행
	Campus Crest Communities, Inc.	• 대학생 기숙사 및 임대주택 • 매입, 개발 병행 • 직영과 관리위탁사업 병행
고령자 주택	Home Properties Inc.	• 고령자 및 중간층 주택 투자 • 매입 및 재개발
공공 임대주택	Community Development Trust	• 부담가능주택 • 공익목적으로 설립된 리츠

출처 : NAREIT, 각 리츠 웹사이트 참고. "박원석, 2015, 임대주택 리츠의 해외 사례 및 시사점, 주택도시연구, 5(2), 17~32"에서 재인용.

리츠가 대표적이다. 즉 대학생, 고령자, 저소득층이라는 특정 집단을 틈새시장으로 운영해 나름의 설립목적과 투자 전략을 유지하고 있는 것이다.

여기서 특히 공공 임대주택 리츠는 공공이 주도하여 저소득층의 주거안정이라는 공익적인 목표를 가지고 설립·운영되고 있다는 점에서, 기숙사 리츠는 주거약자인 대학생 등 청년층을 주 대상으로 한다는 점에서 서울시가 서울주택도시공사를 통해 추진하고 있는 서울형 리츠의 설립·운영의 취지와 유사하다고 하겠다. 따라서 공공 임대주택 리츠의 사례를 벤치마킹해 서울리츠의 성공을 위한 중요한 시사점을 찾을 수 있을 것이다. 또한 기숙사 리츠는 대학 기숙사 및 대학생 전용 임대주택에 전문적으로 투자하는 리츠인데 이 역시 서울리츠의 주요 표적

임차인 집단이 사회 초년생과 신혼부부 등 젊은 층인 만큼, 기숙사 리츠의 사례를 벤치마킹해 서울리츠의 성공을 위한 중요한 시사점을 찾을 수 있을 것이다.

일반 임대주택 리츠 사례 : EQR

조직 및 구조

EQR(Equity Residential Property)은 1993년에 임대주택을 투자, 개발, 관리하는 리츠로 설립되었으며 현재는 미국에서 가장 규모가 큰 임대주택 리츠로 자리매김하고 있다. EQR의 본사는 일리노이주 시카고에 있다. EQR은 1993년 설립과 동시에 뉴욕 거래소시장에 상장되었으며, 현재는 S&P500지수에 포함될 만큼 규모가 크고 공신력 있는 회사로 성장하였다. 2015년 말 현재 EQR은 미국 전역에 걸쳐 394개의 임대주택 단지와 10만 9,652개의 임대 호수를 가지고 있으며 시가총액은 290억 달러에 이른다. 2005년 말 현재 종업원 수는 3,500명에 달하는데 이들은 주로 부동산 관리 · 운영, 임대차, 투자, 개발, 금융, 법률 등의 업무에 종사하고 있다.

　　그림 2-1은 EQR의 조직구조를 나타낸 것이다. 그림에서 보듯이 EQR은 현재 대부분의 리츠가 채택하고 있는 UPREIT 구조[7]를 활용하고 있다. EQR은 운영 파트너십인 ERPOP(Equity Residential Property Operating Partnership) 지분의 96.2%를 보유함으로써 자회사인 ERPOP

―――――
7) UPREIT에 대해서는 1장에 자세하게 설명되어 있다.

그림 2-1 EQR의 구조

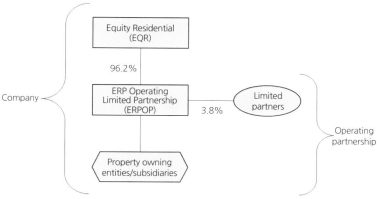

출처 : Equity Residential Property 연차보고서

를 통해 운영파트너십이 소유한 자산을 실질적으로 운용한다. EQR 투자자의 50% 이상은 뮤추얼펀드와 같은 기관투자가들이 차지하는데 따라서 EQR의 주요 투자자는 리츠 투자 전문 펀드라 할 수 있다.

EQR은 운영파트너십의 무한책임파트너로서 운영파트너십 지분의 96.2%를 보유하면서 리츠의 자산관리를 담당한다. 나머지 3.8% 지분은 유한책임 파트너가 보유한다. 따라서 EQR은 운영파트너십인 ERPOP의 경영을 실질적으로 담당하는 전략적 투자자라 할 수 있다.

투자자산의 구성

EQR이 보유한 투자자산 구성을 보면 2015년 말 현재 EQR은 394개의 단지에 임대주택 10만 9,652호를 보유하고 있다. EQR이 보유한 임대주택 단지당 평균 주택 수는 278호로 나타난다.

자산형태별로 EQR의 투자자산을 보면 가든형 주택은 200단지에 5

표 2-4 EQR의 투자자산 구성 : 자산형태별

구 분	단지수(개소)	호수(개)
가든형 주택	200	55,435
고층 아파트	192	49,078
군인 아파트	2	5,139
계	394	109,652

출처 : Equity Residential Property 연차보고서

만 5,435호를, 고층 아파트는 192개 단지에 4만 9,078호를, 군인 아파트는 22개 단지에 5,139호를 보유하고 있는 것으로 나타난다. 따라서 EQR은 저층의 가든형 주택과 고층 아파트를 함께 보유, 관리하는 것으로 나타난다. 특이한 점은 EQR은 군인 아파트를 보유, 운영하고 있다는 점이다. 군인 아파트의 단지 수는 2개에 불과하지만, 임대호수는 5,139호로 전체 임대호수의 5%를 차지한다. 따라서 EQR은 안정적인 임대수입 확보와 포트폴리오 다변화 차원에서 군인 아파트라는 새로운 분야에 진출한 것으로 파악된다.

소유구조별로 EQR의 투자자산을 보면 EQR이 100% 전유한 임대주택은 367개 단지에 9만 8,608호에 이른다. 이는 EQR이 보유한 단지 수의 93%, 임대호수의 90%를 차지한다. 따라서 EQR은 임대주택 단지 전체를 전유하고 관리하는 형태로 자산관리를 하고 있음을 확인할 수 있다. 반면, 단지를 부분 소유하는 경우는 10% 미만으로 나타난다. 특이한 점은 임대주택 단지는 전부 소유하고 있지 않지만, 임대주택 단지를 전부 위탁관리하는 경우도 3개 단지에 853호로 나타난다. 이는 EQR이 임대주택 자산관리의 전문성을 인정받은 경우로 볼 수 있다.

입지별로 EQR의 투자자산을 보면 EQR은 미국 전역에 걸쳐 임대

표 2-5 EQR의 투자자산 구성 : 소유구조별

구 분	단지수(개소)	호수(개)
100% 소유	367	98,608
책임 임대(통합 단지)	3	853
부분 소유(통합 단지)	19	3,771
부분 소유(비통합 단지)	3	1,281
군인 아파트	2	5,139
계	394	109,652

출처 : Equity Residential Property 연차보고서.

표 2-6 EQR의 투자자산 구성 : 입지별

구 분		단지수(개소)	호수(개)
핵심 지역	New York	40	10,835
	Washington D.C.	57	18,656
	San Francisco	53	13,656
	Los Angeles	61	13,313
	Boston	35	8,018
	Seattle	44	8,756
	Orange County, CA	12	3,684
	San Diego	13	3,505
	소계	315	80,423
비핵심 지역	South Florida	35	11,435
	Denver	19	6,935
	Inland Empire, CA	9	2,751
	기타	14	2,969
	소계	77	24,090
총계		392	104,513
군인 아파트		2	5,139

출처 : Equity Residential Property 연차보고서

주택을 소유, 관리하지만 핵심지역에 선택과 집중을 하는 전략을 구사하는 것으로 나타난다. EQR이 집중적으로 투자하는 핵심 지역은 뉴욕, 워싱턴, 보스턴 등 미 동부의 주요 대도시와 LA, 샌프란시스코, 시애틀, 샌디에이고 등 미 서부의 주요 대도시를 망라한다. 따라서 EQR은 임대수요가 많은 미국 동부와 서부의 주요 대도시의 임대주택을 핵심 지역으로 선택과 집중을 하여 투자, 운영하고 있음을 확인할 수 있다. 이러한 전략은 EQR이 미국의 임대주택 리츠 중에서 가장 규모가 큰 리츠로 성장하게 된 발판을 마련하였다고 할 수 있다. 한편 EQR은 사우스플로리다, 덴버 등 핵심지역 이외에도 투자를 하는데 그 비중은 핵심지역에 비해 크지 않은 실정이다.

투자 및 자산관리 전략

EQR은 미국 최대의 임대주택 리츠로 성장, 발전하기까지 지속적인 경쟁력을 확보하기 위한 부단한 노력과 그에 따른 투자 및 자산관리 전략을 구사하고 있다. 이러한 EQR의 대표적인 투자 및 자산관리 전략의 특징을 살펴보면 다음과 같다.

첫째, 투자자산의 설계 및 선정에서 선택과 집중이라는 전략적인 접근을 한다는 점을 들 수 있다. 즉 투자자산의 선택에서 표 2-7과 같은 표적시장의 선정 조건을 전략적으로 채택하고, 이러한 조건에 부합하는 지역을 핵심 지역(core)으로 선정하여 투자의 선택과 집중을 하는 전략을 가지고 있다. 여기에는 신규 임대주택 건설의 진입장벽이 높은 지역, 자가소유 비용이 높은 지역, 경제성장률이 높아 임대주택에 대한 잠재수요가 많은 지역, 개별 도시 내에서는 삶의 질이 높아 주거수요가 많은 중심지역, 인구구성상 임대주택에 대한 수요가 많은 표적 집단의 풀이 많은 지역이 해당된다.

표 2-7 EQR의 표적시장 선정의 전략적 조건

구분	전 략
1	토지 부족, 정부 규제 등의 이유로 신규 임대주택 건설의 진입장벽이 높은 지역
2	자가소유 비용이 높은 지역
3	높은 경제성장률로 인해 일자리와 가구 형성의 증가 속도가 높아서, 임대주택에 대한 잠재수요가 많은 지역
4	한 도시 내에서는 삶의 질이 높아 주거수요가 많은 중심지역
5	인구구성상 임대주택에 대한 수요가 많은 표적 집단의 풀이 많은 지역

출처 : Equity Residential Property 연차보고서

　　이러한 표적시장 선정의 전략적 조건을 설정한 결과 EQR이 집중적으로 투자하는 핵심 지역으로는 6개가 선정되었는데 보스턴, 뉴욕, 워싱턴, 남캘리포니아(LA, 오렌지카운티, 샌디에이고), 샌프란시스코, 시애틀이 그것이다. 이들 지역은 미국을 대표하는 미국 동부와 서부의 대도시들인데 EQR은 미국에서 가장 임대수요가 풍부하고 성장세가 높은 이들 표적시장에 집중함으로써 미국에서 가장 규모가 큰 임대주택 리츠로 성장하게 된 것이다. 즉, EQR이 미국 최대의 임대주택 리츠가 된 데는 이러한 전략이 잘 맞아떨어졌다고 하겠다.

　　둘째, 리츠의 성장 전략으로 부동산 매입, 개발, 재개발을 적절하게 조화시키는 전략을 활용하고 있다는 점을 들 수 있다. 표 2-8에서 보는 바와 같이 EQR은 투자 부동산의 일정 부분을 개발 중인 프로젝트와 개발 계획 프로젝트로 보유하고 있다. 즉 매년 투자자산의 일정 부분을 꾸준히 개발하고 있는 것이다. EQR이 매입과 개발을 꾸준히 병존하는 것은 임대주택의 특성상 매입보다는 신규 개발이 표준화된 단지의 구성 및 관리에 유리하다는 것을 반영한다.

표 2-8 EQR의 연차별 부동산 투자 현황(단위 : 100만 달러)

유 형		2015	2014
토지		5,864	6,295
건물 및 개량물		1,242,383	19,850
개발 중 프로젝트	토지	284,995	466
	공사 중 프로젝트	837,381	877
개발 계획 프로젝트	토지	120,007	145
	공사 중 프로젝트	48,836	39
총 부동산 투자액		25,182	27,675
감가상각		(4,905)	(5,432)
순 부동산 투자액		20,276	22,242

출처 : Equity Residential Property 연차보고서

　　셋째, 수요자를 만족시키고 유지시키기 위한 다양한 커뮤니티 활성화 전략을 구사한다는 점을 들 수 있다. 예를 들면 EQR은 커뮤니티 활성화와 양방향 소통을 위해 개별 단지 단위로 주민 포털을 구축하여 임대차 업무, 수금, 주민 불편사항 해소 등의 창구로 활용하고 있다. EQR의 이러한 투자 및 자산관리 전략이 효과적으로 작용한 결과 EQR은 미국 최대의 임대주택 리츠로 성장했다고 할 수 있다.

기숙사 리츠 사례 : ACC 등[8]

기숙사 리츠의 현황

표 2-1에서 보는 바와 같이 2015년 말 현재 임대주택 리츠 중에서 대학 기숙사 및 대학생 전용 임대주택에 전문적으로 투자하는 기숙사 리츠로는 ACC(American Campus Communities), ERT(Education Realty Trust), CCC(Campus Crest Communities) 등 총 3개가 운영되고 있다. 이들은 주로 대학 기숙사나 대학교 주변의 대학생 전용 임대주택에 특화하여 투자하는 리츠인데 이러한 의미에서 이들 리츠를 기숙사 리츠로 부르고 있다.

이들 3개 기숙사 리츠의 시가총액은 61억 달러로 전체 임대주택 리츠의 5.6%에 이른다. 따라서 기숙사 리츠는 임대주택 리츠가 주력으로 투자하는 분야는 아니지만 임대주택 리츠에서 의미 있는 틈새시장을 차지하고 있음을 확인할 수 있다.

이들 회사가 설립되어 기숙사 투자관리 전문회사로 운영된 것은 1960년대에까지 거슬러 올라갈 수 있지만 이들 회사가 기업공개를 통해 리츠화된 것은 비교적 최근인 2004년부터다. 2004년 ACC가 기업공개를 통해 리츠로 전환하면서 기숙사 리츠가 최초로 등장하게 되었다.

2013년 말 현재 3개 기숙사 리츠의 투자자산 현황을 보면 총 222개 단지를 보유하고 있으며 기숙사 주택 호수는 4만 7,529호, 베드 수는 14

---

[8] "3) 기숙사 리츠의 사례"에 대한 내용은 기본적으로 "박원석, 2014, 대학생 기숙사 확충을 위한 REITs의 활용 방안, 대한지리학회지, 49(3), 357~370"과 "박원석, 2015, 임대주택 리츠의 해외 사례 및 시사점, 주택도시연구, 5(2), 17~32"의 내용을 근간으로 하였다. 따라서 이 장의 상당 부분은 박원석(2014)와 박원석(2015)의 연구를 인용한 것이며, 여기에 본고의 맥락에 맞게 수정, 보완, 재구성하였다.

만 2,967개에 이른다. 이를 계산하면 3인 1실의 기숙사 주택이 가장 보편적으로 운영되고 있음을 확인할 수 있다. 기숙사 리츠는 임대차 단위가 기숙사 주택 호가 아니라 베드로 관리되고 있는데, 따라서 적절한 베드 수의 확보 및 임대차 관리가 기숙사 리츠에서 중요한 관리 초점이 되고 있다.

조직 및 구조

앞서 살펴본 바와 같이 2015년 말 현재 기숙사 리츠는 ACC, ERT, CCC 등 총 3개가 운영되고 있다. 이들 각각의 설립 현황과 조직 구조를 살펴보면 다음과 같다.

　　ACC는 1993년 대학생 임대주택 전문회사로 설립되었으며 현재는 미국에서 가장 큰 대학생 전용 임대주택의 개발, 소유, 관리를 담당하는 기숙사 리츠가 되었다. 앞서 살펴본 바와 같이 ACC는 2004년 기업공개를 통해 리츠로 전환되었으며 최초의 공모형 기숙사 리츠가 되었다. ACC는 고품격 대학생 임대주택을 지향하며 대학과 지속적인 파트너십을 통해 사업을 진행하고 신뢰관계를 쌓아 오면서 기숙사 리츠로는 최대 규모를 달성하였다. ACC는 자산운용 방안으로 임대주택을 신규 개발하는 방안과 기 개발된 임대주택을 매입하고 필요할 경우 이를 재개발하는 방안을 병행하여 왔으며 이를 통해 빠른 성장을 구가해 왔다.

　　ACC의 투자구조는 그림 2-2와 같다. 그림에서 보듯이 ACC는 현재 대부분의 리츠가 채택하고 있는 UPREIT 구조[9]를 활용하고 있다. ACC

---

9) UPREIT는 umbrella partnership REIT의 약자인데, 리츠가 직접 부동산자산에 대한 소유권을 가지고 있지 않고, 부동산 자산의 소유권을 가진 운영파트너십(OP: operating partnership)의 지분을 소유하고, 리츠는 운영파트너십에 대하여 무한책임 파트너로서

그림 2-2 ACC의 투자구조

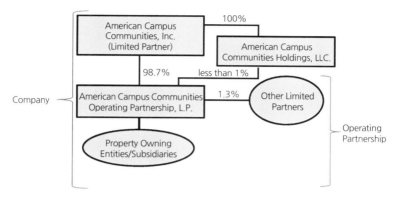

출처 : American Campus Communities 연차보고서

는 ACC 홀딩스 (ACC Holdings) 지분의 100%를 보유함으로써 자회사
를 통해 운영파트너십의 자산을 실질적으로 운용한다. ACC 투자자의
50% 이상은 뮤추얼펀드와 같은 기관투자가들인데 따라서 ACC의 주요
투자자는 리츠 투자 전문 펀드라 할 수 있다.

　　운영파트너십의 무한책임파트너는 ACC 홀딩스로, 운영파트너십
지분의 1% 미만을 보유하면서 리츠의 자산관리를 담당한다. 즉 리츠의
경영을 담당하는 전략적 투자자라 할 수 있다. 운영파트너십의 유한책임
파트너는 리츠인 ACC로, 운영파트너십 지분의 99% 이상을 보유한다.

　　ACC의 조직 및 인력구성을 보면 총 2,923명의 직원이 있으며, 이
중 본사 경영인력은 123명, PM(property manager)은 655명, 현장 관리

운영파트너십 자산 운영의 지배권을 가지게 되는 형태를 말한다. 투자자들이 양도소득
세가 지분 양도 시점까지 이연된다는 제도적 이점을 활용하기 위해서 UPREIT 구조가 고
안된 것이다.(박원석, 2013a)

인력은 2,004명으로 구성되어 있다. 위탁관리를 포함하여 ACC가 관리하는 총 베드 수가 22만 6,300개임을 감안할 때 약 220베드당 1명의 직원이 고용된 것을 확인할 수 있다.

다음으로 ERT(Education Realty Trust)는 1964년 대학생 호텔 개념으로 설립한 임대주택 전문회사로 2004년 기업공개를 통해 리츠로 전환되었다. ERT 역시 고품격 대학생 전용 임대주택을 지향하며 자산운용 방안으로 임대주택을 신규 개발하는 방안과 기 개발된 임대주택을 매입하고 필요할 경우 이를 재개발하는 방안을 병행하고 있다.

ERT의 투자구조는 그림 2-2의 ACC와 마찬가지로 UPREIT 구조를 활용하고 있다. ERT의 운영파트너십인 ERT오퍼레이팅파트너십(ERT Operating Partnership)의 경영은 무한책임파트너인 ERT 매니지먼트에서 담당한다. ERT는 ERT 매니지먼트 지분의 100%를 보유함으로써 자회사를 통해 운영파트너십의 자산을 실질적으로 운용한다. 이러한 구조는 ACC와 매우 유사하다.

ERT의 조직 및 인력구성을 보면 총 1,222명의 직원이 있으며, 이 중 본사 경영 및 컨설팅 인력은 83명, PM(property manager)은 27명, 현장 관리인력은 1,112명으로 구성되어 있다. 위탁관리를 포함하여 ERT가 관리하는 총 베드 수가 3만 7,063개임을 감안할 때 약 30베드당 1명의 직원이 고용된 것을 확인할 수 있다.

마지막으로 CCC(Campus Crest Communities)는 2004년 대학생 임대주택 사업에 진출하였으며 2010년 기업공개를 통해 리츠로 전환하여 공모형 기숙사 리츠가 되었다. CCC는 설립 초기부터 대학생 임대주택의 투자-개발-보유-관리운영을 모두 담당하는 수직적으로 통합된 부동산 투자운영회사를 지향했으며 따라서 CCC는 기숙사 단지의 신규개발, 매입, 외부위탁관리, 컨설팅 등 다양한 자산관리 비즈니스를 수행하고 있다. CCC의 투자구조는 ACC와 ERT와 마찬가지로 UPREIT 구조를 활용하고 있다.

투자자산의 구성

먼저 ACC가 보유한 투자자산 구성을 보면 표 2-9와 같다. 2013년 말 현재 ACC는 160개 단지에 기숙사 주택 3만 1,365호를 보유하고 있으며 총 베드 수는 9만 7,080개에 이른다. ACC가 보유한 기숙사 주택단지당 평균 주택 수는 196개이며, 1개 주택에 3.09개의 베드가 들어가는 것으로 나타난다. 따라서 ACC는 3인 1실의 기숙사 주택을 가장 보편적으로 운영하고 있음을 확인할 수 있다. 기숙사 리츠는 임대차 단위가 기숙사 주택 유닛이 아니라 베드 단위로 관리되고 있는데, 따라서 적절한 베드 수의 확보 및 임대차 관리가 기숙사 리츠에서 중요한 관리·운영의 초점이 되고 있다.

ACC의 기숙사는 입지별로 대학 캠퍼스 내부에 입지한 단지와 캠퍼스 외부에 입지한 단지로 구분된다. ACC가 여타 기숙사 리츠와 차별되는 점은 바로 캠퍼스 내부에도 기숙사 단지를 소유하고 있다는 점이다. 2013년 말 현재 ACC는 대학 캠퍼스 내에 17개 단지에 1만 7,219개의 베드를 소유하고 있다. 캠퍼스 내의 기숙사 단지는 CC는 건물만 소유하고 토지는 대학교에 장기로 토지임대료를 지불하는 방식을 채택하고 있다. ACC가 대학 캠퍼스 내에 임대주택을 소유, 운용할 수 있는 것은 ACC가 대학과 지속적인 파트너십을 통해 사업을 진행하고 신뢰관계를 쌓아 왔기 때문으로 볼 수 있다. ACC 대부분의 기숙사 단지는 캠퍼스 외부에 입지해 있는데 이는 전체 단지의 89%, 전체 베드 수의 82%에 해당한다.

한편 ACC는 임대주택 단지의 소유구조로 대부분의 단지를 100%

표 2-9 ACC 투자자산 및 위탁관리자산의 구성(2013년 말 현재)

구 분			단지 수(개소)	호수(개)	베드 수(개)
투자 자산	캠퍼스 내부	100% 소유	13	3,701	12.700
		합작 투자	4	1,863	4,519
	캠퍼스 외부		143	25,801	79,861
	소계		160	31,365	97,080
위탁관리자산			203	44,000	128,500
계			363	75,365	226,300

출처 : American Campus Communities 웹사이트 및 연차보고서 참고. "박원석, 2014, 대학생 기숙사 확충을 위한 REITs의 활용 방안, 대한지리학회지, 49(3), 357 ~ 370"에서 재인용

전유하는 방식을 사용한다. 이는 단지를 통째로 소유해야만 투자자산의 관리와 기숙사 단지의 운영에 유리하기 때문으로 판단된다. ACC가 합작투자를 하는 경우는 캠퍼스 내의 일부 단지에서 대학과 합작투자를 하는 경우에만 해당된다. ACC를 비롯한 기숙사 리츠는 대부분의 단지를 100% 전유하는 방식을 사용하는데, 이는 기숙사 리츠가 자산의 투자뿐만 아니라 관리의 전문성이 뛰어나기 때문으로 판단된다. 이에 따라 ACC는 자기가 보유한 기숙사를 자가관리할 뿐만 아니라 외부의 대학이나 사업자가 소유한 기숙사의 위탁관리도 병행하고 있다.

실제로 ACC는 2013년 말 기준으로 203개 단지에 임대주택 4만 4,000호를 위탁관리하고 있으며 총 베드 수는 12만 8,500개 이른다. 이는 ACC의 운영주체가 리츠인 동시에 대학생 기숙사 관리 전문회사임을 말해준다. 이에 따라 ACC가 관리하는 기숙사의 규모는 자가소유와 위탁관리 포함해서 총 363개 단지에 7만 5,365호의 주택, 22만 6,300개의 베드에 이르는 것으로 나타난다.

표 2-10 ERT의 투자자산 및 위탁관리자산 구성(2013년 말 현재)

구분		단지 수(개소)	호 수(개)	베드 수(개)
투자자산		43	8,494	25,003
위탁관리	캠퍼스 내부	10	1,808	5,114
	캠퍼스 외부	14	2,260	6,946
계		67	12,562	37,063

출처 : Education Realty Trust 웹사이트 및 연차보고서 참고. "박원석, 2014, 대학생 기숙사 확충을 위한 REITs의 활용 방안, 대한지리학회지, 49(3), 357∼370"에서 재인용

다음으로 ERT가 보유한 투자자산 구성을 보면 표 2-10과 같다. 2013년 말 현재 ERT는 67개 단지에 기숙사 임대주택 1만 2,562호를 보유하고 있으며, 총 베드 수는 3만 7,063개에 이른다. ERT가 보유한 임대주택 단지당 평균 주택 수는 197개이며, 1개 주택에 2.94개의 베드가 들어가는 것으로 나타난다. ERT는 대학생 임대주택 투자관리의 역사가 오래된 만큼, 보유 기숙사 단지의 지리적 분포는 22개 주의 38개 대학에 이른다.

ERT가 보유한 기숙사는 ACC와 달리 모두 캠퍼스 외부에 입지해 있다. 그렇지만 기숙사 단지의 입지를 캠퍼스와 도보거리 내에 입지하는 것을 원칙으로 하는데 현재 보유한 기숙사 단지와 캠퍼스간의 거리는 평균 0.2마일로 나타난다. 임대주택 단지의 소유구조로 ERT 역시 대부분의 단지를 100% 전유하는 방식을 사용한다.

또한 ERT는 외부의 대학이나 사업자가 소유한 기숙사 위탁관리도 병행하고 있다. 2013년 말 기준으로 ERT는 24개 단지에 임대주택 4,068호를 위탁관리하고 있으며 총 베드 수는 1만 2,060개 이른다. 이 중 캠퍼스 내 기숙사 단지는 10개에 이른다. 즉, ERT는 ACC와 달리 캠퍼스

표 2-11 CCC의 투자자산 구성(2013년 말 현재)

구 분	단지 수(개소)	호 수(개)	베드 수(개)
100% 소유	32	6,248	16,936
합작투자	7	1,422	3,948
계	39	7,670	20,884

출처 : Campus Crest Communities 웹사이트 및 연차보고서 참고. "박원석, 2014, 대학생 기숙사 확충을 위한 REITs의 활용 방안, 대한지리학회지, 49(3), 357~370"에서 재인용

내의 기숙사를 직접 소유하지는 않지만 위탁관리를 매개로 대학과 파트너십을 이어 오고 있다고 할 수 있다. ERT의 주요 사업 영역이 기숙사 단지의 투자, 개발 및 관리뿐만 아니라 기숙사 위탁관리, 개발 컨설팅에 이르기까지 다양해, ERT는 기숙사 투자, 개발, 관리, 컨설팅에 이르는 종합 부동산 투자관리회사라 할 수 있다. ERT가 관리하는 기숙사의 규모는 자가소유와 위탁관리 포함해서 총 67개 단지에 1만 2,562호의 주택, 3만 7,063개의 베드에 이른다.

마지막으로 CCC가 보유한 투자자산 구성을 보면 표 2-11과 같다. 2013년 말 현재 CCC는 39개 단지에 임대주택 7,670호를 보유하고 있으며 총 베드 수는 2만 884개에 이른다. 이는 3개의 기숙사 리츠 중에서 가장 작은 규모다. CCC가 보유한 임대주택 단지 당 평균 주택 수는 196개이며 1개 주택에 2.72개의 베드가 들어가는 것으로 나타난다. 이는 앞서 분석한 ACC와 ERT의 경우와 상당히 유사하다.

CCC가 보유한 기숙사는 ERT의 경우와 마찬가지로 모두 캠퍼스 외부에 입지해 있으며 캠퍼스 도보거리 내에 기숙사 단지를 입지하는 것을 원칙으로 한다. 이에 CCC가 보유한 기숙사 단지와 캠퍼스 간의 거리는 평균 0.5마일로 나타난다. 임대주택 단지의 소유구조로 CCC 역시 대

부분의 단지를 100% 전유하는 방식을 사용한다.

CCC는 대학생 임대주택의 투자-개발-보유-관리운영을 모두 담당하는 수직적으로 통합된 부동산 투자운영회사를 지향하는 만큼 보유 기숙사 단지는 모두 자가관리를 하고 있으며 이러한 전문성에 기초하여 외부위탁 관리도 병행하고 있다. 이러한 점은 ACC와 ERT의 사례에서도 확인할 수 있다.

투자 및 자산관리 전략

앞서 살펴본 바와 같이 2015년 말 현재 미국에는 ACC, ERT, CCC 등 3개의 기숙사 리츠가 설립, 운영되고 있다. 이들 기숙사 리츠는 경쟁력 있는 투자 및 자산관리 전략을 통해 대학생 임대주택이라는 틈새시장에서도 사업성을 확보하고 있으며, 지속가능한 성장을 위해 기숙사의 설계, 개발, 입지에도 나름의 기준과 전략을 구사한다. 이러한 전략은 일반적인 임대주택 리츠가 가지고 있는 전략은 물론 특화된 기숙사 리츠로서의 맞춤형 전략을 모두 포함한다. 이러한 기숙사 리츠의 투자 및 자산관리 전략의 특성을 살펴보면 다음과 같다.

첫째, 기숙사 리츠는 기숙사 단지의 투자 및 관리에서 차별적이고 전략적인 접근을 한다는 점을 들 수 있다. 기숙사는 일정 규모 이상의 대학생이 확보되어야 하기 때문에 입지적 특성상 학교와의 근접성이 매우 중요하다. 따라서 기숙사 리츠는 신규로 기숙사 단지에 투자할 경우 대학으로부터 도보거리 내에 있는 임대주택만 매입한다는 입지 전략을 가지고 있다.

예를 들면 ACC는 신규로 기숙사 단지에 투자할 시 학생 수가 일정 규모 이상이 되는 지역의 주력 대학을 선별하고 기숙사 단지의 입지도 대학교로부터 일정한 거리 내에 있는 임대주택만 매입하여 학생들의 이

동거리를 최소화한다는 점이다. 또한 관리의 효율화를 위해 기숙사 설계 단계에서부터 용수, 에너지 절감 등을 감안하여 전략적으로 배치 및 설계를 하고 자원의 재활용 프로그램도 운영한다. 이러한 기숙사 리츠의 입지 전략은 ERT, CCC도 동일하게 가지고 있는데 이는 기숙사 리츠가 고유하게 가지고 있는 전략적 특성이다.

둘째, 기숙사 리츠는 경쟁우위 및 차별화 전략으로 기숙사의 운영 및 관리에서 고유한 브랜드 전략을 사용한다는 점을 들 수 있다. 기숙사 리츠는 이러한 브랜드 전략을 통해 관리서비스의 표준화, 효율화, 양질화를 유지하고 있다.

대표적으로 ACC는 프리미엄급 기숙사를 지향하여 다양한 부대 서비스를 운영하고 이를 브랜드 관리 전략으로 활용하고 있다. 이를 위해 LAMS(Leasing Administration and Marketing System)라는 관리 및 마케팅 프로그램을 운영하여 기숙사의 체계적인 관리·운영과 마케팅이 이루어지도록 하고 있다. 특히 "부모님과 같은 편안한 서비스를 제공"하는 것을 마케팅 포인트로 두고 학생·부모·대학·투자자의 니즈에 맞는 프랜차이즈형 서비스를 제공해 수요자를 유인하고 있다. 아울러 회사 이미지 관리를 위한 지역사회 기여활동들도 적극적으로 추진하고 있다.

ERT는 ACC와 마찬가지로 프리미엄급 기숙사를 지향하여 기숙사의 운영 및 관리에서 브랜드 전략을 사용하고 있는데, 그중에서 차별화된 전략은 관리 프로그램에서 몇 가지 특화된 프로그램을 운영하고 있다는 점이다. 대표적인 것이 PILOT(Property Impact on Leasing and Occupancy Targets) 프로그램이다. PILOT은 웹기반으로 기숙사 관리상에서 일어나는 모든 정보를 관리자들에게 실시간으로 전달하는 체계를 말한다. 또한, 고객 만족 프로그램으로 SOAR(Scoring Opportunities and Recognition) 프로그램을 운영하고 있다. SOAR는 임차 대학생들을 대상으로 한 설문을 통해 관리 만족도를 정기적으로 체크하는 프로그램이다.

CCC 역시 기숙사 임대주택으로서 고유한 브랜드 전략을 가지고 있다. CCC는 기숙사 단지에 대해 "Grove"라는 브랜드를 개발하여 전원 스타일의 기숙사 단지를 지향하고 있다. 또한 자산관리 전략으로 SCORES (Social, Cultural, Outreach, Recreational, Educational, Sustainability) 프로그램을 운영하고 있는데 이를 통해 기숙사가 단순히 대학생들이 잠만 자는 곳이 아니라 다양한 문화생활, 사회적 네트워크, 엔터테인먼트를 누릴 수 있는 공간을 지향하고 있다.

셋째, 기숙사 리츠는 기숙사 단지의 투자, 개발, 관리에서 대학과의 협력 등 민관합동파트너십(PPP: Public Private Partnerships)의 활용을 적극적으로 모색한다는 점이다. 이러한 민관합동파트너십에는 대학과의 공동투자 및 개발사업의 진행, 대학이 보유한 기숙사 위탁관리, 대학 기숙사의 효과적인 개발 및 관리를 위한 컨설팅 서비스 제공 등을 포함한다. 이러한 대학과의 파트너십은 기숙사 리츠가 지속가능한 운영을 할 수 있는 주요한 원동력이 되고 있다. 민관합동파트너십은 기숙사 리츠와 대학 및 공공기관과의 장기적인 신뢰관계 및 역할분담의 바탕에서 다양한 형태로 이루어지고 있다.

대표적으로 ACC는 민관합동파트너십의 활용 방안으로 대학과의 공동투자 및 개발사업을 진행하고 대학이 보유한 기숙사의 위탁관리, 대학 기숙사의 효과적인 개발 및 관리를 위한 컨설팅 서비스 등을 제공한다. 즉, ACC는 회사가 직접투자하지 않은 대학의 기숙사에도 다양한 개발 및 경영 노하우를 전수하는 역할을 담당한다는 점이다. ACC의 이러한 민관합동파트너십의 노력으로 ACC는 리츠로서는 유일하게 캠퍼스 내부의 기숙사 단지에 투자하는 등 대학과의 긴밀한 네트워크를 맺고 있다.

ERT 역시 대학과도 직·간접적인 파트너십 관계를 유지하고 있다. 여기에는 캠퍼스 외부의 기숙사 단지에 대한 공동투자와 같은 직접적인 파트너십 관계와 함께, 대학이 자체 캠퍼스 내에 기숙사 개발 시 각종 컨설팅과 위탁관리 비즈니스를 제공하는 방안이 있다. 또한 공동투자 사업에서 금융 패키지를 구성하는 파트너십도 가지고 있다.

넷째, 기숙사 리츠는 단순히 대학생 임대주택에 투자하는 투자기관이 아니라 대학생 임대주택의 설계-개발-보유-관리운영-컨설팅을 복합적으로 담당하는 수직적으로 통합된 부동산 투자운영회사 역할을 담당한다는 점을 들 수 있다. 따라서 이들 리츠의 전략적 중심은 단순히 투자가 아니라 효과적인 관리를 통한 지속가능한 성장에 방점이 찍혀 있다. 이는 임대주택의 건설, 부동산 투자 차원에 머물러 있는 국내 임대주택 정책과 산업에 중요한 교훈을 준다고 하겠다.

공공 임대주택 리츠 사례 : CDT[10]

미국의 주거복지 프로그램과 리츠의 활용

미국의 주택도시개발부(HUD: Department of Housing and Urban

---

10) "공공 임대주택 리츠 사례"는 기본적으로 "박원석, 2013, 주거복지 확충을 위한 리츠의 활용 방안, 한국경제지리학회지, 16(2), 275~292"와 "박원석, 2015, 임대주택 리츠의 해외 사례 및 시사점, 주택도시연구, 5(2), 17~32"의 내용을 근간으로 하였다. 따라서 이 장의 상당 부분은 박원석(2013)과 박원석(2015)의 연구를 인용한 것이며, 여기에 본고의 맥락에 맞게 수정, 보완, 재구성하였다.

Development)는 주택구입능력지수(HAT: Housing Affordablility Index) 를 통해 주거비용 부담이 가구소득에 비해 적정한지를 평가하고 있다. 대체로 주거비용으로 가구소득의 30%보다 많이 지불하는 경우에는 주 거비 부담이 과도하다고 정의(전은호·서순탁, 2009)하고 있다. 이러 한 측면에서 미국의 주거복지 정책은 소득에 대비한 부담 가능한 주택 의 공급에 초점이 맞추어져 있다고 하겠다. 따라서 미국의 주거복지 정 책은 단순히 저소득층만이 아니라 사회 초년층이나 중간소득계층의 주 거복지 문제에도 관심을 가지고 접근하고 있다.

일반적으로 부담가능주택(affordable housing)이란 주거비용이 중간계층 가구소득의 일정 비율 이하인 주택을 말한다. 따라서 부담가 능주택은, 최저주택기준과 같이 절대적인 주거수준이 존재하는 것이 아니라, 소득의 수준과 주거비용에 따라 부담가능의 기준이 달라지기 때문에 절대적인 기준이 있는 것은 아니다. 그러나 대체로는 중간소득 층 이하의 주거비용 부담이 소득수준에 대비해서 적절한 수준에서 통 제되어 이들의 생계가 크게 위협받지 않은 상태의 주거비 기준을 의미 한다고 하겠다. 따라서 부담가능주택의 개념에는 저소득층뿐만 아니 라 중간소득층의 주거안정도 함께 도모한다는 의도가 실려 있다고 하 겠다.

미국의 주택도시개발부는 이러한 부담가능주택 공급을 주거정책 의 중요한 목표로 하여 정책을 시행하고 있으며, 특히 부담가능주택의 공급에 민간 투자자를 끌어들이기 위한 다양한 정책을 시행하고 있다. 대표적인 것이 1987년에 도입된 저소득층 임대주택 세액공제 프로그 램(LIHTC: Low Income Housing Tax Credit)이다. LIHTC는 부담가능 임대주택에 투자한 투자자들에게 10년간의 세액공제를 제공(Chiquier eds., 2009)하는 것을 골자로 하고 있다.

즉, 민간 투자자(영리, 비영리 모두 포함)들에게 부담가능주택의 공급과 투자를 유도하기 위해 세액공제의 형태로 재무적 인센티브를 주는 정책이라 할 수 있다. 따라서 자본시장의 민간 투자자들은 LIHTC에 따른 세액공제를 활용할 경우 다소의 임대료 통제는 감수하더라도 충분한 수익이 가능하여, 부담가능주택에 투자할 유인이 생기는 것이다.

다음으로 「지역재투자법(CRA : Community Reinvestment Act)」의 도입을 들 수 있다. 「지역재투자법」은 1977년 낙후지역의 투·융자 및 금융서비스를 확대하기 위해 도입된 제도인데, 1995년 지역의 저소득층에 대한 투·융자 등 금융기관들의 금융서비스를 의무화함으로써 강력한 주거복지 정책수단으로 역할을 하게 되었다.

즉 금융기관들이 낙후지역을 대상으로 진행한 투·융자 및 금융서비스 활동내용을 스스로 입증하도록 하고 감독기관은 그 결과를 금융기관의 평가에 반영함으로써 금융기관들이 자발적으로 이를 이행하도록 강제한 것이다. 그 결과로 금융기관들은 실적을 맞추기 위해 비영리 성격의 지역개발금융기관(CDFI : Community Development Financial Institution)들과 파트너십을 맺어 지역금융을 제공함으로써 부담가능주택 공급에 일조하고 있다.

또한 지역개발지원공사(LISC : Local Initiative Support Corporation) 등 다양한 지역개발조직의 설립과 운영을 들 수 있다. LISC는 1979년 설립된 비영리 지역개발조직으로 지역의 지속가능한 경제개발, 소득 증대 주거환경 및 삶의 질 개선 등을 위해 지역의 소규모 조직과 리더들을 국가의 다양한 재정지원에 연결시키는 역할을 담당한다. LISC는 이러한 지역개발사업의 일환으로 부담가능주택의 공급을 위한 투·융자 및 보조금 지원 사업에도 중요한 역할을 담당한다.

미국에서는 이러한 주거복지를 위한 제도적 기반하에서 부담가능

그림 2-3 미국의 주거복지 프로그램에서 자본시장 활용을 위한 제도적 기반

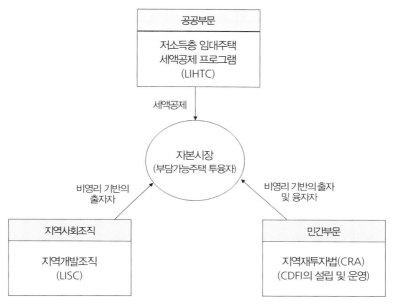

출처 : 박원석, 2013, 주거복지 확충을 위한 리츠의 활용 방안, 한국경제지리학회지, 16(2), 275~292

주택의 공급에 민간투자를 끌어들이기 위해 자본시장을 적극적으로 활용하고 있다. 특히 지역개발조직과 같은 비영리 지역사회조직들이 이러한 공공부문과 자본시장을 연결하는 촉매제로 역할을 한다. 즉, 공공-자본시장-지역사회조직 간의 적절한 거버넌스를 유지하면서 부담가능주택의 공급 · 운영이라는 공공의 목표를 달성하면서도 자본시장의 투자자들이 비영리사업에서 적절한 수익을 낼 수 있는 구조를 만들어 내는 것이다. 그림 2-3은 미국의 주거복지 프로그램에서 자본시장 활용을 위한 제도적 기반을 나타낸 것이다.

부담가능주택은 주거비용의 부담가능 기준을 유지하기 위해 임대료 통제 등이 불가피한데 LIHTC 등의 정부의 재정지원 프로그램을 활용하면 수익성 보전이 가능하다. 또한 LISC 등의 비영리조직과 CDFI 등의 지역개발금융기관이 비영리 베이스에서 주요 출자자와 대출자로 역할함으로써 자본시장 영리 베이스의 민간 투자자의 수익성을 보전해 주는 일종의 버퍼 역할을 할 수 있다.

미국에서 자본시장의 활용이 가능한 것은 투자자를 모으는 그릇이라 할 수 있는 다양한 부동산 투자조직이 활발히 운영되고 있기 때문이다. 이러한 투자조직으로는 뮤추얼펀드, 부동산신탁, 유한책임파트너십(Limited Partnership), 리츠 등 다양한 투자조직이 있다. 이러한 투자조직을 통해 자본시장의 투자자를 모집하고, 이를 부담가능주택에 투자 또는 융자를 통해 자산을 운용하고 그 수익을 투자자에게 배분하는 것이다.

앞서 언급한 바와 같이, 리츠 역시 부담가능주택을 포함한 공공 임대주택에 투자하는 조직으로 유력하게 활용할 수 있다. 이러한 맥락에서 부담가능주택을 포함한 공공 임대주택에 투자하는 리츠가 설립, 운영되고 있는데 대표적인 것이 CDT(Community Development Trust)다. 이에, 본고에서는 공공 임대주택 리츠로서 CDT의 운영 사례를 살펴보고자 한다.

조직 및 구조[11]

앞서 언급한 바와 같이, 공공 임대주택 리츠의 대표적인 사례로는 CDT(Community Development Trust)가 있다. CDT는 부담가능주택의 확충이라는 공익적인 목표를 가지고 1998년에 설립된 리츠다. 부담가능주택 리츠는 주거복지라는 공익적 목표를 가지고 주로 저소득층을 표적시장으로 하는 리츠라 할 수 있다. 이러한 맥락에서 CDT는 설립 목표를 실현하기 위해 부담가능주택에 지분투자하거나 저당대출을 실행하는 방법을 통해 투자자산을 운영하고 있다. CDT의 지분은 일반적인 리츠와는 달리 공모를 하지 않고 사모를 통해 모집하였다. CDT의 본사는 뉴욕으로, 뉴욕을 본거지로 활동하고 있다.

표 2-12는 CDT의 출자자 구성을 나타낸 것이다. CDT의 주 출자자는 LISC다. LISC는 1979년 설립된 비영리 지역개발조직으로, 지역개발사업의 일환으로 부담가능주택의 공급을 위한 투·융자 및 보조금 지원 사업에도 중요한 역할을 담당하고 있는데, 이러한 부담가능주택을 공급할 목적으로 CDT의 주 출자자로서 직접 설립에 참여한 것이다.

LISC를 주 출자자로 하여 공동출자자로 민간의 상업은행, 비영리 목적의 지역개발금융기관(CDFI), 정부기관(FNMA) 등이 공동으로 참여 비영리 지역개발금융기관 등이 공동 출자자로 참여하고 있다.

따라서 CDT의 지배구조는 공공-자본시장-지역개발조직이라는 3자의 거버넌스가 적절하게 조화되어 있다고 하겠다. 즉, 부담가능주

---

11) CDT(Community Development Trust)에 대한 내용은 Levy, J. S. and K. Purnell, 2006, The Community Development Trust Taps Wall Street Investors, *Community Development Investment Review*, 2(1), Community Development Trust 웹사이트 등을 참조하였다.

표 2-12 CDT의 출자자 구성

구 분		출자자
주 출자자		• LISC(Local Initiative Support Corporation)
공동 출자자	상업은행	• Bank of America • Deutsche Bank • HSBC Bank USA, N.A. • Wells Fargo Bank, N.A.
	보험회사	• Allstate Insurance Company • MetLife
	지역개발 금융기관	• California Bank and Trust • Citibank Community Development • JPMorgan Chase Community Development Group • Key Community Development Corporation • Local Initiatives Support Corporation • Merrill Lynch Community Development Company, LLC • NCB Capital Impact • Prudential Financial • The Reinvestment Fund
	정부기관	• FNMA(Fannie Mae)

출처 : Community Development Trust 웹사이트. "박원석, 2013, 주거복지 확충을 위한 리츠의
활용 방안, 한국경제지리학회지, 16(2), 275~292"에서 재인용

택의 확충 목표를 가진 지역개발조직인 LISC, 「지역재투자법(CRA)」에
따라 지역개발을 위한 투·융자 실적이 필요한 상업은행, 그리고 이들
과 제휴를 맺은 비영리 목적의 지역개발금융기관(CDFI), 마지막으로
CDT가 실행한 저당대출의 유동화를 맡은 공적 유동화중개기관인
FNMA의 의도가 일치하여, CDT라는 공익적 임무를 가진 리츠가 설립
된 것이다.

투자자산의 구성

전술한 바와 같이 CDT는 부담가능주택의 투·융자라는 공익적 목표를 가지고 설립되었다. 따라서 CDT의 자산운용은 첫째로, 부담가능주택에 지분 투자하는 지분투자 프로그램의 운용과, 둘째로, 부담가능주택에 저당대출을 제공하거나 LIHTC 프로그램을 통해 실행된 모기지를 지역개발금융기관으로부터 매입하는 부채 프로그램의 운용으로 구분된다. 2012년 말 현재 CDT는 미국의 42개 주에 걸쳐 3만 2,500 유닛의 부담가능주택에 투·융자하고 있다.

표 2-13은 CDT가 지분 투자한 대표적인 부담가능주택 단지의 현황이다. 단지 규모는 60유닛에서부터 334유닛까지 다양한데, 대체로 중·소규모의 주택단지를 대상으로 한다. CDT가 100% 지분을 소유하여 단독으로 투자한 주택은 넵튠타워(Neptune Towers)가 유일하며, 대부분은 공동 투자자들과 합작으로 지분 투자한 것으로 나타난다.

합작투자에서 CDT는 자산운영을 담당하는 무한책임파트너로서 역할을 하기도 하지만, 그보다는 투자에만 관여하는 유한책임파트너로 역할만 하고 자산운영은 임대주택 단지 운영의 노하우가 많은 합작투자자가 맡는 경우가 더 일반적이다. 이는 CDT가 부담가능주택 단지의 투·융자라는 공익적 목표에 집중하고, 투자한 부담가능주택 단지의 관리는 합작투자자인 전문 관리회사에게 위임하는 구조를 가지고 있음을 의미한다.

표 2-13에서 보는 바와 같이 CDT가 투자하는 부담가능주택은 저소득층뿐만 아니라 중소득층을 대상으로 하는 2, 3, 4 베드룸의 중대형 아파트도 포함된다. 따라서 리츠가 투자한 부담가능주택에는 중간소득층, 청년층, 신혼부부 등의 무주택자들이 주요 고객이 된다. 즉 CDT가 투자한 부담가능주택 단지는 소득을 기준으로 임차인을 제한하는 단지

표 2-13 CDT의 주요 지분투자 부동산(2015년 10월 말 현재)

구 분	지 역(주)	규모 및 운영현황	공동 투자자
Amy Lowell House	매사추세츠	• 부담가능주택(고층 아파트) • 151유닛 • 비영리 목적 운영 • 무한책임 파트너 역할	HallKeen
Neptune Towers	매사추세츠	• 부담가능주택(고층 아파트) • 334유닛 • 100% 지분소유 • 연방주택청의 Mark-Up-to-Market 프로그램 활용	—
Cornerstone Apartment	워싱턴	• 부담가능주택(2,3,4 베드룸 아파트) • 121유닛 • LIHTC 프로그램 활용	Southport Financial Services
Summerfield TownHouses	코네티컷	• 부담가능주택(아파트) • 396유닛 • 중·저소득 대상 • 소셜 서비스프로그램 활용	HallKeen
Hathaway Farms Townhomes	매사추세츠	• 부담가능주택(아파트) • 207유닛 • 90% 지분소유, 유한책임 파트너 역할	Spear Management
North Hill Place Apartments	미시시피	• 부담가능주택(아파트) • 80유닛 • 고령자 대상	—
Cushing Residence	매사추세츠	• 부담가능주택(아파트) • 60유닛 • 고령자 또는 장애인 대상 • 90% 지분소유, 유한책임 파트너 역할	Cardinal Cushing Centers
Arbor Grove Apartments & Townhomes	버지니아	• 부담가능주택(아파트) • 214유닛 • 저소득층 대상	Insight Property Group
Pleasant View Apartments	캘리포니아	• 부담가능주택(아파트) • 80유닛 • 저소득층 대상 • 90% 지분소유, 유한책임 파트너 역할	LINC Housing Corporation

자료 : Community Development Trust 웹사이트. "박원석, 2015, 임대주택 리츠의 해외 사례 및 시사점, 주택도시연구, 5(2), 17~32"에서 재인용

표 2-14 CDT의 주요 저당대출 부동산(2014년 말 기준)

구 분	지 역(주)	규 모	협조 융자자
Bradenton Village	플로리다	• 부담가능주택(가든스타일 단지) • 180유닛	Wachovia Multifamily Capital
Neighborhood Restorations	펜실베이니아	• 부담가능주택(주택단지) • 1,000유닛	The Reinvestment Fund
Park City Residential Care Home	코네티컷	• 중·저소득 고령자 대상 • 부담가능 고령자 보조주택 • 50유닛	JPMorgan Chase Bank
Patriot Manor	버진아일랜드	• 부담가능주택(주택단지) • 151유닛	MMA Financial
Pershing Court Apartment	일리노이	• 부담가능주택(고층 아파트단지) • 80유닛	NEFMAC
Prairie Commons	텍사스	• 부담가능주택(가든스타일 단지) • 72유닛	JPMorgan Chase Bank

자료 : Community Development Trust 웹사이트. "박원석, 2013, 주거복지 확충을 위한 리츠의 활용 방안, 한국경제지리학회지, 16(2), 275~292"에서 재인용

도 있고 연령대를 기준으로 임차인을 제한하는 단지도 있다. 단지의 특성에 따라 차이는 있지만 대체로 CDT는 저소득층과 중산층, 청년층과 고령자층을 골고루 아우르는 부담가능주택 운영을 하고 있음을 볼 수 있다.

이 점에서 부담가능주택은 저소득층을 대상으로 하는 우리나라의 임대주택과는 차이가 있다. 따라서 CDT의 부담가능주택을 통해 주거복지 프로그램은 중간소득층을 포괄하는 등 그 활용 범위가 훨씬 넓다고 하겠다.

표 2-14는 CDT가 부채 프로그램을 통해 융자를 제공한 대표적인

저당대출 부동산의 현황이다. 전술한 바와 같이 CDT의 저당대출 부동산은 모두 부담가능주택이며 부담가능주택으로 운영되는 주택단지를 대상으로 한다. 부채 프로그램에 제공되는 주택단지 규모는 30유닛에서부터 1,000유닛까지 다양한데 PCR케어홈(Park City Residential Care Home)과 같이 고령자 보조주택을 대상으로 하기도 한다. 이들 부담가능주택은 저소득층뿐만 아니라 중간소득층을 주 대상으로 하고 있다.

투자 및 자산관리 전략

CDT는 부담가능주택의 투·융자를 위해 설립된 특수 목표를 가지고 있기 때문에 CDT의 자산운용도 부담가능주택의 투·융자에 주력하고 있다. 특히, 지역개발금융기관들이 출자자로 참여하고 있기 때문에 CDT의 자산운용은 「지역재투자법」의 요건도 만족시켜야 한다. 이러한 맥락에서 CDT의 자산운용 전략은 첫째, 부담가능주택에 지분 투자하는 지분투자 프로그램의 원활한 운용과 둘째, 부담가능주택에 저당대출을 제공하거나 지역개발금융기관으로부터 소규모 LIHTC 프로그램을 통해 실행된 모기지를 매입하는 부채 프로그램의 원활한 운용 전략으로 구분된다.

첫째, 지분 프로그램의 운용전략을 보면 다음과 같다. 우선 CDT가 지분을 출자하는 부동산은 모두 부담가능주택으로 운영되는 주택단지를 대상으로 한다. 즉, CDT는 부담가능주택 단지의 지분을 매입하고 부담가능주택의 운영에 참여하는 것이다. CDT는 부담가능주택 단지 전체를 매입하는 경우도 있지만 여타 공동 투자자와 함께 지분 매입을 하는 경우가 더 일반적인데 이 점은 여타 임대주택 리츠와는 차이가 있다.

즉 CDT는 부담가능주택 단지를 전체를 투자·운영하기보다는 부담가능주택 단지의 운영에 노하우가 있는 전문 관리회사와의 합작투자

그림 2-4 CDT의 자산관리 구조

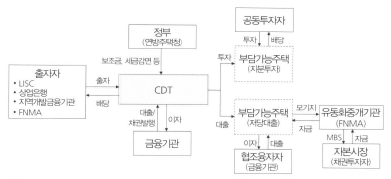

출처 : Community Development Trust 웹사이트. "박원석, 2013, 주거복지 확충을 위한 리츠의
활용 방안, 한국경제지리학회지, 16(2), 275~292"에서 재인용

를 통해 투자자 역할만 수행하는 경우가 일반적이다. CDT는 부담가능
주택 단지 투자에서 LIHTC 프로그램에서 제공하는 세액공제를 통해 수
익성을 높일 수 있다.

둘째, 부채 프로그램의 운용 전략을 보면 다음과 같다. CDT가 저당
대출을 제공하는 부동산 역시 모두 부담가능주택으로 운영되는 주택단
지를 대상으로 한다. 저당대출 대상이 되는 임대주택단지는 신축 단지
든지 아니면 LIHTC 프로그램을 통해 저당대출을 실행한 부담가능주택
단지가 된다. 저당대출 기간은 15~30년이 통상적이며, 대출 규모는 대
체로 100만~1,000만 달러 수준이다.

한편 CDT는 부채 프로그램을 통해 실행한 저당대출을 모기지 유
동화제도를 통해 매각함으로써 유동성을 확보하는 전략을 가지고 있
다. 즉, CDT는 사전 약정을 통해 유동화중개기관인 FNMA에 모기지를
매각하고 FNMA는 이러한 모기지를 근거로 해서 주택저당증권(MBS:
Mortgage Backed Securities)을 발행하는데 FNMA는 JP 모건(JP Morgan)

등 MBS 투자자들을 미리 확보함으로써 출구전략을 마련하고 있다. 이를 위해 CDT의 공동출자자로서 FNMA가 참여하고 있다.

이러한 저당대출의 증권화 프로그램을 통해 CDT는 저당대출의 출구전략을 마련할 수 있으며 새로운 저당대출을 위한 자금원을 확보할 수 있는 것이다. 즉, 공적 유동화중개기관이 CDT의 자본시장 접근을 적극 도와주고 있는 것이다. 그림 2-4는 지금까지 살펴본 CDT의 자산관리 구조를 도식화한 것이다.

02
일본 임대주택 리츠

일본 임대주택 리츠의 현황 및 특징

임대주택 리츠의 변천

일본리츠(J-REITs)는 2000년 11월 「투자신탁및투자법인에관한법률」
이 개정됨에 따라 도입되었다.[12] 초기 일본리츠 투자는 대기업이 가진
부동산을 증권화하는 형태로 오피스빌딩과 같은 상업용부동산에 집중
되었다. 이에 따라 미쓰이나 미쓰비시그룹과 같은 대기업계열회사가
보유한 상업용부동산들을 대량으로 묶어서 리츠화하는 형태가 일반적
이었다.

　　일본에서는 리츠의 대주주로 유수의 대기업들이 참여하게 되면서
이러한 형태를 스폰서드 리츠(sponsored REITs)라고 부르고 있다.[13]
스폰서드 리츠는 리츠 투자 대상이 되는 투자물건을 공급하는 대기업이
동시에 리츠자산을 관리하는 자산운용회사의 최대출자자가 된다. 따라

---

12) 東京證券取引所, 2013, Jリートがわかる本, 株式會社東急エ-ジェンシ-, p.10. 일본
의 리츠는 전부 투자신탁이 아닌 투자법인의 형태를 취하고 있다.

13) 이현석, 2015, "앵커리츠를 활용한 투자상품 다각화 방안", 한국리츠협회, 리츠활성
화정책국제세미나 발표논문. 이러한 사례는 일본만이 아니라 싱가포르, 홍콩 등 리츠제
도가 도입된 아시아 국가 대부분에서 일반적 형태로 나타나고 있다.

그림 2-5 일본리츠의 투자구조

출처 : アドバンス·レジデンス投資法人, 2016.6., 住宅系J-REIT槪要及運營狀況關參考文獻, p.6

서 리츠사업은 실질적으로 스폰서가 운영하는 부동산사업이 되는 형태가 된다. 이러한 리츠 투자를 통해 시장에서 일반 투자자들의 신뢰를 획득함으로써 상장 리츠 투자가 원활하게 이루어지도록 하고 있다. 이처럼 일본에서는 리츠의 자산관리와 운영을 스폰서들이 책임지면서 리츠시장이 급성장하였다.

초기 상업용부동산의 리츠화가 진행되면서 리츠 투자에 대한 관심이 증가하였고 이러한 분위기에 힘입어 2000년대 중반부터 임대주택 리츠가 나타나기 시작했다. 2004년 3월 일본레지덴샬투자법인(Nippon Residential Investment Corp.)이 설립된 이후 빠른 속도로 임대주택 리츠가 증가하였다.[14] 이 시기를 전후하여 호텔이나 물류시설, 임대주택 등 투자가 다변화되었지만 동시에 리츠 투자 증가와 더불어 리츠수익률

---

14) 이 회사는 2010년 3월 어드밴스레지던스투자법인으로 합병되었다. 三菱UFJ信託銀行 不動産コンサルティング部, 2013, 不動産證券化とJ-REITがわかる本, 東洋經濟新報社, p.139

이 떨어지는 문제점이 발생하기 시작했다.[15]

2004년까지 매년 상장된 리츠는 5개 정도였지만 2005년부터 13개, 2006년 12개 등으로 급증하였다. 이처럼 리츠 상장이 급증하면서 배당률이 낮은 리츠들이 상장되기 시작했고 리츠가 개발업자나 사모펀드의 출구전략 상품으로 활용되었다. 다행히 이 시점부터 외국인 투자가 급증하면서 리츠 주가는 급등하였고 매각차익 중심의 리츠 투자흐름이 확산되었다.

그렇지만 2007년 6월 서브프라임 위기로 외국인 자금 유출이 본격화되고 일본 내 부동산수요가 급감하면서 주가가 폭락하는 상황을 맞게 되었다. 처음에는 사모펀드운용회사가 스폰서로 되어 있는 리츠들이 영향을 받았다. 2008년 9월 리먼브라더스 사태 이후에는 이들 사모펀드 스폰서의 파산에 따라 해당 리츠는 더 이상 신규 개발 자산을 취득하는 것이 불가능해지면서 매매계약의 위약금을 물어야 하는 상황이 되었다.

이 과정에서 리츠의 자금조달이 어렵게 되고 상환자금을 금융기관에 의존하게 되면서 스폰서가 교체되거나 리츠들도 합병되는 경우가 증가하였다. 스폰서의 변경 사례는 2008년부터 발생하기 시작해서 이후 9건이 발생하였고 2010년부터는 리츠의 합병 사례가 발생하면서 2015년까지 10건이 발생하였다.

스폰서 교체나 합병을 하게 된 것은 리츠의 신용력을 회복하여 정상화시키고자 하는 시도였다. 특히 합병은 수익성이 낮은 임대물건을 매각하고 매각으로 인한 손실을 합병차익으로 충당하는 형태가 대부분

---

15) 이하의 논의는 김영곤 외, 2012, 한국리츠 구조의 이해와 경영, 한국리츠협회, 제5장을 참고하였다.

이었다. 이러한 과정에서 증자를 통해 대부분의 리츠가 신용력을 다시금 회복하게 되었다. 2015년 이후에는 서로 다른 유형의 리츠 간에 규모의 경제를 위한 합병이 이루어지고 있다.

스폰서 교체나 합병 사례의 절반 정도는 임대주택 리츠였다. 이 기간에 대표적으로 스폰서가 교체되거나 합병된 리츠는 일본임대주택(2008년 10월 리프러스에서 오크트리로 스폰서 교체, 2010년 7월 플러스팩트 흡수합병), 세키수이하우스SI레지덴샬(2010년 3월 조인트 코퍼레이션에서 세키수이하우스로 교체), 어드밴스레지던스(2010년 3월 일본레지던샬과 신설 합병), 다이와하우스레지덴샬(2010년 4월 뉴시티레지던스 흡수합병) 등이 있다.

이러한 스폰서 교체와 합병 과정을 통해 임대주택 리츠들은 신용력을 회복하고, 안정적인 임대주택 리츠로 자리잡기 시작했다. 기존 리츠들의 증자가 지속적으로 이루어지면서 전체 임대주택 리츠시장 규모는 크게 확대되었다. 신규 임대주택 리츠는 2012년에 케네딕스레지덴샬, 2013년에는 콘포리아레지덴샬, 2015년에는 사무디레지덴샬이 연속적으로 상장되었다.

기존 임대주택 리츠 중 같은 그룹이 보유한 오피스, 리테일 등 다른 리츠와 합병한 사례도 있다. 노무라레지덴샬은 2015년 9월 1일 자로 노무라그룹이 스폰서인 노무라부동산마스타펀드와 노무라부동산오피스펀드 2개의 리츠와 합병하여 노무라마스터펀드로 합병되었다. 이에 따라 이 리츠 규모는 252개동에 취득물건만 7,846억 엔에 달하는 종합형 리츠로 전환되었다. 전체 자산 중 주거용 물건 비중은 20% 수준으로 감소하였다. 2016년 7월 말 현재 배당수익률은 3.43%이고, 시가총액은 6,316억 엔에 달한다.

임대주택 리츠의 현황

일본리츠의 유형은 단일용도특화형과 복수용도형으로 크게 구분되고 있다. 리츠제도가 있는 대부분 국가에서도 일본과 유사한 패턴을 가지고 있다.[16] 단일용도특화형은 오피스, 주거, 헬스케어(고령자용주택, 병원), 상업시설, 물류시설, 호텔 등으로 구분하고 있다. 특히 일본에서는 과거에 투자하지 않던 임대주택, 헬스케어 투자가 증가하고 있다. 복수용도형은 2가지 용도 부동산에 투자하는 복합형과 3가지 이상 또는 용도를 정하지 않는 종합형이 있다.[17] 특히 용도를 정하지 않는 종합형은 일종의 블라인드 펀드(blind fund) 형태로 상업용부동산만이 아니라 주거용부동산까지 다양한 부동산을 투자한다는 점에서 투자유연성이 높다.

그런데 단일용도특화형은 투자 대상이 동일한 성격의 부동산이라는 점에서 투자의 효율성은 높으나, 해당 업종의 경기상황에 따라 투자성과가 민감하게 반응한다. 따라서 이러한 유형은 투자위험분산에 어려움이 발생할 수 있다. 우리나라의 경우 리츠가 1물1리츠(一物一리츠) 형태로 대부분 하나의 대형 물건만 투자하고 있어 특히 부동산투자위험은 커질 수밖에 없다. 복수용도형은 다양한 종류의 부동산을 투자하는 형태로 리츠 자체가 대형화하고 부동산포트폴리오가 다양화한다는 점에서 리츠의 투자위험이 크게 감소하는 장점이 있다. 그렇지만 이 경우에는 다양한 투자자산을 운영하기 위한 노하우가 필요하고 이에 따른 운영의 비대화와 투자효율성의 하락이 발생할 수 있다.

---

16) 싱가포르의 경우는 주거용이 거의 없는 등 국가별로 약간의 차이가 존재한다.

17) 헬스케어리츠는 최근 일본에서 증가하고 있는 고령자용 실버임대주택에 전적으로 투자하는 리츠다.

표 2-15 투자 대상의 용도에 의한 일본리츠의 분류

단일용도특화형			복수용도형
오피스빌딩 특화형	주거특화형	헬스케어시설 특화형	복합형 (2가지용도부동산투자)
상업시설 특화형	물류시설 특화형	호텔특화형	종합형 (3가지 이상용도 또는 용도를 한정하지 않음)

출처:日本経済新聞出版社編, 2015, 日経MOOKREIT(不動産投資信託)まるわかり!らくらく
投資術, 日本経済新聞出版社,p.22

　　2016년 7월 기준으로 일본리츠 56개 중 주거주체형으로 분류되는
일본임대주택 리츠는 9개가 있다. 이들 모두는 스폰서가 자산운용회사
를 소유하고 리츠를 운영하는 형태로 되어 있다. 9개 전체 시가총액은
1조 3,416.6억 엔에 달하며, 이는 전체 리츠의 11.4% 수준이다. 이는 미
국의 13%(2014년)와 거의 비슷한 수준이다.

　　1개 임대주택 리츠의 평가 시가총액은 1,490.7억 엔으로 우리나라
의 리츠 평균자산규모 1,420억 원과 비교하면 10배 이상의 크기에 달한
다. 자산의 구성 내용에서도 차이가 있는데 일본 임대주택 리츠의 임대
물건은 평균 129동이다. 일반적으로 1개동에 포함되는 호수가 70호 수
준으로 9,000호 정도를 운영하고 있다. 이 역시 우리나라 임대주택 리
츠들이 수백 호 수준으로 운영하는 것과는 큰 차이가 있다.

　　수익률 측면에서는 배당수익률을 기준으로 평균 3.15~5.74%의
범위를 보이고 있다. 대체로 3%대에서 4% 초반 대를 기록하고 있다.
4% 이상인 경우는 상대적으로 규모가 작거나 최근에 상장된 경우가 많
고 10년 이상 장기 리츠들은 대체로 3% 초중반의 배당수익률을 기록하
고 있다.

표 2-16 일본리츠 중 임대주택 리츠(2016년 7월 28일 기준)

순위	투자법인명(경과연수)	동수	배당수익률 (%)	시가총액 (백만 엔)
1	어드밴스 레지던스(6.42)	255	3.36	365,690
2	일본 아코모데이션펀드(9.99)	119	3.34	228,452
3	다이와하우스레지덴샬(10.36)	142	3.15	217,218
4	일본임대주택(10.11)	201	3.92	142,193
5	세키수이하우스SI레지덴샬(11.01)	112	3.45	125,635
6	콘포리아 레지덴샬(3.48)	99	3.63	121,187
7	케네딕스레지덴샬(4.26)	105	4.45	96,733
8	스타츠프로시드(10.67)	97	4.80	29,768
9	사무디레지덴샬(1.08)	29	5.74	14,782
	전체	1,159	3.98	1,341,658

주 : 배당수익률은 전체 리츠의 단순평균치임.
출처 : www.japan-reit.com/list/rimawari/

임대주택 리츠의 특징

일본 임대주택 리츠의 특징을 투자 대상, 투자 주체, 투자자 구성, 운영 기간 등으로 살펴보자.

우선 투자 대상을 임대주택 크기로 보면 60㎡ 이하가 대부분으로 중소규모가 80% 이상이다. 단신용원룸(싱글)이 52%, 콤팩트(compact) 형이 31%이고, 패밀리(family)형은 17%에 불과하다. 임대료는 20만 엔 이하가 대부분으로 1~2인가구는 10~15만 엔 수준이 가장 많다. 이에 따라 임대료는 월소득 대비 30% 이하가 대부분이다.[18]

---

18) 곽선미, 2014.4.29, http://news1.kr/articles/1649570

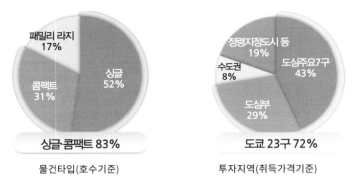

그림 2-6 투자대상물건의 특징

물건타입(호수기준)

투자지역(취득가격기준)

출처 : アドバンス·レジデンス投資法人, 2016.6., 住宅系J-REIT概要及運營狀況關參考文獻, p.11

지역적으로 보면 도쿄 7구에 43%, 도쿄 23구에 전체 임대주택의 72%가 소재하고 있다. 나머지도 주요 도시에 소재하는 임대주택 위주로 투자하고 있다.

이처럼 도심 내 단신용 내지는 콤팩트형 위주로 투자를 하는 이유는 도심부나 주요도시에 인구유입이 주로 20대를 중심으로 이루어지고 있기 때문이다. 특히 이들이 집중적으로 들어오고 있는 도쿄가 임대주택 리츠가 가장 중점 투자하는 지역이다.

이처럼 다수의 입주자를 대상으로 운영되기 때문에 임대주택 리츠는 다른 타입에 비해 1동당 투자액이 적고, 보유동수 및 임차인이 많다. 따라서 오피스나 사업, 물류 등에 비해 일괄퇴거의 위험이 작다. 임대료의 추이도 점포나 오피스에 비해 임대주택 임대료가 매우 안정적인 점도 이 사업의 안정성을 높여 준다.

둘째, 일본 임대주택 리츠는 모두 위탁형이기 때문에 자산운용사에 리츠를 위탁하게 되는데 해당 자산운용회사는 사실상 스폰서가 대주주

그림 2-7 물건당 임차인 수

출처 : アドバンス·レジデンス投資法人, 2016.6., 住宅系J-REIT槪要及運營狀況關參考文獻, p.11

로 설립한 회사들이다. 시가총액 1위인 어드밴스레지던스투자법인은 이토추상사(80.58%)와 이토추도시개발(19.42%)이 100% 출자한 이토 추그룹의 자산운용회사가 위탁운영하고 있다.

나머지 8개의 주택임대리츠도 미쓰이부동산(100%), 다이와하우스 공업(100%), 다이와증권그룹본사(98.1%), 세키수이하우스(75%), 도큐 부동산(100%), 케네딕스주식회사(100%), 스타츠코포레이션(100%), 사무디주식회사(100%)가 출자한 자산운용회사에 의해 임대주택 리츠 가 운영되고 있다.

셋째, 투자주체로 보면 최대주체는 금융기관이며, 그중에서 투자 신탁의 비중이 가장 높다.[19] 일본리츠 전체로 보면 59%가 금융기관(지

---

19) アドバンス·レジデンス投資法人, 2016.6., 住宅系J-REIT槪要及運營狀況關參考文獻, p.15

방은행, 신탁은행, 투자신탁, 일본은행, 생손보 등)이고 이 중 투자신탁은 37.5%다. 나머지는 외국법인이 22%, 기타국내법인이 10%, 개인은 9% 수준이다. 그런데 투자신탁의 대부분은 사실상 개인투자자금을 모집한 것이기 때문에 실제 개인이 리츠에 투자하는 비중은 46.5%로 절반에 육박한다.

투자자 구성을 임대주택 리츠로 한정해서 보면 금융기관이 62%이고, 이 중 40.2%가 투자신탁이다. 외국법인은 17%, 기타국내법인이 11%, 개인이 11%로 사실상 개인이 50%를 초과하고 있다. 이러한 배경에서 리츠 주가하락을 방지하기 위해 일본은행은 매년 일정 금액을 투자하여 리츠를 보유하고 있다.[20]

넷째, 리츠 운영 경과연수를 보면 최초 설립부터 지금까지 지속적으로 운영되어 10년 전후의 운영기간을 가진 경우가 절반 이상이며, 청산 등 리츠투자가 종료된 경우는 없다. 이에 비해 우리나라는 6~7년 운영 이후 청산을 하는 것이 기본이며, 공공임대주택 리츠나 뉴스테이와 같은 임대주택 리츠도 10~15년 정도 존속한 후 청산될 것으로 예상되고 있다. 리츠의 운영 개념이 영속적인 일본리츠와 기한부인 우리나라 리츠의 근본적인 차이점이 있기 때문에 발생되는 결과라고 할 수 있다.

---

20) 일본은행은 2010년부터 500억 엔을 상한으로 매년 J리츠 주식을 매입하고 있으며, 2014년 말 1,700억 엔을 보유할 것으로 예상된다. 東京證券取引所, 2013, J リートがわかる本, 株式會社東急エージェンシー, p.80

임대주택 리츠 사례 : 어드밴스레지던스투자법인

어드밴스레지던스투자법인(일본 증권코드3268)은 ADR로 약칭이 되며 이토추상사주식회사(伊藤忠商社株式會社)가 스폰서인 리츠로 임대주택을 99.4% 투자하고 있다. 1주당 주식가격은 28만 엔이며 배당수익률은 3.3% 수준이다.[21] 2000년대 중반에 상장되었지만 2010년 3월 일본 레지덴샬투자법인과 신설합병 형태로 재상장되었다.

조직 및 구조

이 리츠의 자산운용회사는 AD인베스트먼트매지니먼트주식회사로 2005년 2월에 설립되었다. 이토추상사(80.58%)와 이토추도시개발(19.42%)이 출자하여 이토추그룹이 100% 소유하고 있다. 자산운용회사(AM, asset manager)는 수익최대화를 위해 전략책정, 실시, 지시를 하게 된다. 실무적으로는 물건관리(건물관리, 임대관리) 및 물건운영에 관한 지시는 PM(property manager)에게 하게 된다. PM사는 AM과 협력하여 물건의 수익최대화에 주력하면서 건물관리를 BM(building manager)에게 위탁하고, 입주자의 모집을 LM(leasing manager)사에 위탁하게 된다.

전체 인원은 68명이고, 대표 1명, 관리본부 30명, 운용본부 32명, 컴플라이언스 및 리스크 관리, 감사 5명으로 구성되어 있다. 관리본부는 경영관리부(14명), 경리부(10명), 재무부(4명)로 되어 있고, 운용본

---

21) www.japan-reit.com/list/rimawari/, 일본리츠 1주당 주식가격이 높기 때문에 개인은 직접 투자보다 ETF나 리츠투자펀드에 투자하는 것이 일반적이다.

부는 자산운용부(16명), 엔지니어링부(7명), 투자개발부(8명)로 구성
되어 있다.

투자자산의 구성

어드밴스레지던스의 물건과 임차인군을 보면 물건 수는 255개동에
2만 455호에 달한다. 전체 평균 가동률(입주률)은 97% 수준으로 사실
상 공실이 거의 없는 수준으로 운영되고 있다. 2011년 95% 수준이었던
가동률은 이후 지속적으로 상승하여 2016년에는 최고 97.7%까지 올라
갔다.

투자자산의 지역별 비율을 보면 도쿄도 전체로 싱글 및 콤팩트형
임대호수의 비율이 47% 수준이다. 지역별로 보면 도쿄 5구에 34%, 23
구를 포함할 경우에는 72% 수준이다. 수도권 전체로는 81%이고, 나머
지 투자자산 19%도 오사카, 나고야, 교토, 센다이, 후쿠오카, 삿포로 등
대도시에 한정되어 있다.

전체 포트폴리오 임대료는 2011년 이후 지속적으로 하락, 안정세

그림 2-8 월임대료 분포

출처 : アドバンス·レジデンス投資法人, 2016.6., 住宅系J-REIT概要及運營狀況關參考文獻, p.11

를 유지하고 있다. 10만 엔 미만이 42%, 10만~15만 엔 이하가 35%로
전체의 77%가 15만 엔 이하이며, 25만 엔 미만이 22%이고 25만 엔을 넘
는 경우는 1%에 불과하다.

투자 및 자산관리 전략

투자자산이 도쿄 도심이나 대도시 중심으로 되어 있는 것은 20대 수요
를 고려한 것으로 싱글과 콤팩트형이 임대주택 투자의 주류를 이루고
있다. 이외에도 전입인구가 초과되는 지역에 임대주택을 주로 투자하
고 있다. 이들 지역은 2008년 리먼브라더스 충격 이후 신축공급이 절반
수준으로 떨어지고 있다.

　이처럼 ADR이 투자하는 지역은 젊은 계층의 유입은 많으나 신축
공급은 적은 특징을 가지고 있다. 이에 따라 해당 지역이 우량의 안정적
임대주택 공급의 필요성이 그만큼 크다는 점이 투자의 포인트라고 할
수 있다. 노후화에 대비해서는 경쟁력 하락을 억제하기 위해 신축 건물
의 공급, 설비의 성능저하 방지, 물리적 품질저하 방지, 임차인 니즈 변
화 대처를 위해 건물유지관리 및 계획적인 설비투자를 실시함으로써 임
차인에게 양호한 주거환경을 제공하고 있다. 이러한 투자를 통해 임대
료의 하락을 방지하고 있다.

　레지디아(RESIDIA)라는 브랜드를 개발하여 24시간 365일 임차인
전용코너를 운영하고 레지디아 간 이사를 할 경우 중개수수료를 면제하
고 있다. 수도권은 방재물품을 임차인에게 별도로 지급하고 있다.

　중장기 자산가치를 유지향상하기 위한 지속가능성(sustainability)
을 제고하기 위해 노력하고 있다. 이와 관련된 투자가치를 높이기 위한
전략으로 환경을 배려한 LED조명을 도입하고 대규모 수선, 밸류업 공
사를 실시하고 있다. 지역사회에의 공헌 및 방재를 위해 기부형 자판기

설치, AED 설치, 방재팩 게시, 방재백 배부 등을 하고 있다. DBJ그린빌딩 인증을 취득하고, GRESB(Global Real Estate Sustainability Benchmark) 조사에 지속적으로 참여하고 있다.

고령자용 임대주택 리츠 사례 : 헬스케어 리츠

고령자용 임대주택의 변천[22]

일본은 고령화속도가 매우 빠른 국가 중 하나이고, 2040년에는 고령화율이 35%에 이를 것으로 예상되고 있다. 이미 특별양호노인홈의 대기자 수만 52만 4,000 명에 달하고 있다.

　일본은 고령자를 위한 주택 공급을 위해 2001년 「고령자의주거의 안정확보에관한법률」(이하 「고령자주거법」)을 제정하여 고령자를 위한 주택의 효율적 공급을 도모하였다. 이 법은 고령자를 위한 배리어프리(barrier free) 임대주택의 공급을 촉진할 목적으로 2가지 고령자 임대주택이 제공하였다. 하나는 고령자를 위한 우량임대주택(고우임)으로 보조금 등을 지원하는 것이고, 다른 하나는 고령자의 입주를 거부하지 않는 고령자원활입주임대주택(고원임)으로 등록한 정보를 공개하는 것이었다.

　2005년 12월에는 「고령자주거법」 개정을 통해 고우임과 고원임의 중간에 해당되는 고령자전용임대주택(고전임)을 창설하였다. 2006년에는 개호 보험제도의 개정에서 고전임이 특정시설에 추가되었다.

---

22) 일본의 고령자임대주택정책에 대해서는 "국토해양부, 2012, 해외주거복지정책 사례연구" 참조.

그런데 국토교통성이 2008년 '주택총합조사'에서 고령기에 주거하고자 하는 주택 중 '서비스가 수반되는 고령자주택'을 희망하는 비율은 조사한 바에 따르면 그 비율은 25%에 달하였다. 그런데 고령자를 위한 개호시설이나 고령자주택 등의 정원에 대한 비율을 보면 일본은 2005년 4.4%로 영국 11.7%, 덴마크 10.6%, 미국 6.2%에 비해 낮은 편이었다. 특히 주택계는 0.9%에 불과해서 이 부분의 확충이 불가피하였다.

　　이에 따라 2011년 2월에는「고령자주거법」개정을 통해 고원임의 등록제도와 고우임 공급계획의 인정제도를 폐지하고, '서비스가 수반되는 고령자용주택'의 등록제도를 도입하였다. 기존 고령자를 위한 3가지 형태의 고령자주택만이 아니라 유료 홈까지 포함하여 고령자주택을 일체화시켰다. 이에 따라 '지역에서 다양한 수요에 대응한 공적 임대주택 등의 정비 등에 관한 특별조치법'을 개정해서 등록을 받은 서비스가 수반되는 고령자용주택의 정비에 관한 사업을 실시하게 되었다. 이에 따라 필요한 경비를 보충하기 위해 국가는 지방자치단체에 대하여 교부금을 교부할 수 있게 하였다.

　　'서비스가 수반되는 고령자임대주택'은 일반고령자주택과 달리 의료와 개호가 제공되는 주택을 의미한다. 이 주택은 국토교통성과 노동후생성이 새로이 제공하는 것으로 등록제로 운영되며, 건설개보수비의 조성금, 정기차지활용(공적임대)에 의해 정비조성, 주택설비의 표준화, 융자조건의 완화 등이 이루어졌다. 고령자의 주거 안정을 위해 배리어프리구조를 확보하고 개호, 의료기관과 제휴하여 서비스를 제공하는 고령자용임대주택 또는 유료노인홈이다. 대상자는 고령자(만 60세 이상) 독신 또는 부부세대 등(입주 관련 수입 조건은 없음)이다. 등록기준은 원칙적으로 25㎡ 이상, 화장실 및 세면설비 등의 설치, 배리어프리

표 2-17 서비스가 수반되는 고령자용 주택공급에 대한 지원책

보조	대상	등록된 서비스수반하는 고령자용 주택 등		
	보조액	건설비의 1/10, 개수비의 1/3(국비상한 100만 엔/호)		
	주요조건	서비스를 수반하는 고령자용주택으로 10년 이상 등록		
세제	세목	소득세, 법인세	고정자산세	부동산취득세
	내용	5년간 할증상각 40%(내용연수 35년 미만인 경우 28%)	5년간 세액을 2/3경감 (토지는 포함하지 않음)	가옥 : 과세표준으로부터 호당 1,200만엔 공제 토지 : 가옥 연면적의 2배에 해당하는 토지면적상분의 가격등을 감액
	요건 연면적	25㎡/호 (전용부분만)	30㎡/호 (공용부분 포함)	30㎡/호 (공용부분 포함)
	호수	10호 이상	5호 이상	5호 이상
	기타	—	국가 또는 지방자치 단체로부터 건설비 보조를 받는 것	국가 또는 지방자치단체로부터 건설보조를 받는 것
융자		주택금융지원기구에서 서비스가 수반되는 고령자용 주택으로 등록한 임대주택의 건설에 필요한 자금, 당해 임대주택에 관련된 개량에 필요한 자금 또는 해당임대주택으로 하는 것을 목적으로 하는 중고주택의 구입에 필요한 자금에의 융자를 실시함.		

출처 : 국토해양부, 2012, 해외주거복지정책 사례연구

등이 갖추어지는 조건이다.

서비스에 대해서는 안부 확인 및 생활상담 서비스를 제공하는 것 등을 상정하고 있다. 사업자에게는 제공되는 서비스 등 등록사항의 정보공시 및 입주자에 대하여 계약 전 설명과 과대광고의 금지 등을 요구하고 있다. 이러한 고령자용 주택에 대해서는 보조 및 세제 혜택, 융자가 부여된다. 공급 촉진을 위해 주택, 시설의 건설, 개보수에 대하여 국가는 민간사업자, 의료법인, 사회복지법인, NPO(non-profit organization) 등에 직접보조를 시행하게 된다.

국토교통성은 주택계의 비율을 2020년까지 3～5%로 늘리겠다는 방침이다. 일본 건설경제연구소의 시산에 따르면 이를 위해서는 2008～2020년 기간 중 66만 532호를 정비해야 한다. 이를 달성하기 위해서는 공사 총액은 5조 973억 1,700만 엔에 달하며, 연간 4,248억 2,800만 엔의 예산이 소요되어야 한다. 2011년 10월 등록제가 도입되면서 서비스가 수반되는 고령자용주택은 보조금 및 우대세제 등 국가지원으로 개시 4년 만에 약 6,000동에 달했다.[23]

일본리츠가 투자하는 헬스케어시설이라는 것은 고령자가 입주하고 이용하는 임대주택이나 유료노인홈 등의 시니어를 위한 시설 및 의료시설을 지칭한다.

헬스케어 사업에 대한 진출 현황

헬스케어시설이 급증하고, 정부의 지원정책이 강화되면서 민간 기업들의 개호사업 신규진입 및 사업 확대가 2013년 이후 크게 증가하였다.[24] 이 분야에 진출한 업종을 보면 건설, 금융, 보험, 전기기기, 출판중개, 부동산 등 다양하다.

미사와홈, 미쓰비시, UFJ리스는 2013년 11월 업무제휴 체결하고 2014년 4월 공동출자회사 트리니티케어를 설립하였다. 제1호 사업으로 도쿄도 내에서 미쓰비시-UFJ 사유지에 개호시설을 건설할 예정이다. 2016년까지 6개동을 건설할 방침이다.

도쿄건물(東京建物)은 2014년 9월 종래까지 전개되던 '서비스수반

---

23) http://www.satsuki-jutaku.jp/search/index.php

24) 이하의 논의는 다음을 참조. 川口有一郎, 三菱UFJ信託銀行 不動産コンサルティング部, 住宅金融支援機構 調査部, 不動産マーケットの明日を読む, 日経BP社.

표 2-18 이업종에 의한 개호사업 신규 진입 및 사업 확대 사례

회사명	업종	사업
미사와홈 미쓰비시 UFJ리스	건설/금융	2013년 11월 업무제휴 체결. 2014년 4월 공동출자회사 트리니티 케어를 설립. 제1호로 도쿄도내에서 미쓰비시UFJ사유지에 개호시설을 건설예정. 2016년까지 6개동 건설 방침
소니 파이낸셜 그룹	보험금융	2013년 11월 유료노인홈 운영회사 시니어엔터프라이즈를 매수. 2014년 4월 개호사업을 위한 자회사 소니라이프케어 신설. 제1호안건으로 유료노인홈 신설 예정. 중장기적으로 개호사업을 생보, 손보, 은행의 기존 3사업에 이은 제4의 주력사업으로 계획
파나소닉	전기기기	2014년 2월 서비스수반 고령자용 주택사업을 운영하는 새로운 회사 파나소닉콤하트를 설립. 2018년 100동까지 확대. 2019년 3월 개호관련사업의 매상고를 500억 엔 달성 목표.
토한	출판중개	2014년 2월 학연코코판그룹과 업무제휴. 개호사업 참여 발표. 제1호로 서비스수반 고령자용주택을 신설. 2018년까지 10동 500호의 서비스수반고령자용주택을 공급할 계획
도쿄건물	부동산	2014년 9월 종래까지 전개되던 서비스수반 고령자용주택사업에 더하여 개호서비스사업, 유료노인홈 사업에 참가발표. 사이타마의 노인홈 운영회사를 매수하고, 전액출자회사 도쿄건물 시니어라이프서포트 설립. 고령자용주택과 노인홈 합계 50개동 건설 목표. 사업 확대와 더불어 헬스케어 관련 리츠 및 펀드 조성검토

출처 : 川口有一郎, 三菱UFJ信託銀行 不動産コンサルティング部, 住宅金融支援機構 調査部, 2015, 不動産マーケットの明日を読む, 日経BP社, P.183

고령자용주택사업'에 더하여 개호서비스사업, 유료노인홈 사업에 참가를 발표하였다. 사이타마의 노인홈 운영회사를 매수하고, 전액출자회사인 도쿄건물 시니어라이프서포트를 설립하였다. 고령자용주택과 노인홈 합계 50개동 건설을 목표로 하고 있다. 사업 확대와 더불어 헬스케어관련 리츠 및 펀드 조성을 검토하고 있다.

이처럼 헬스케어사업은 신성장산업으로 다양한 업종의 기업들이 참여하고 있다. 특히 중점적으로 투자를 하고 있는 분야는 정부지원이

이루어지고 있는 서비스 수반 고령자용 주택이다. 이외에도 노인유료홈이나 개호시설들에도 투자를 확대하고 있다.

리츠를 활용한 헬스케어 리츠의 사업구조

일본리츠는 부동산투자의 수단으로만 기능하는 것은 아니다. 현재 일본경제가 안고 있는 난제를 해결하는 수법으로도 기대를 받고 있다. 이러한 맥락에서 주목되는 분야 중 하나가 헬스케어라고 할 수 있다. 이에 따라 2014년부터 2016년까지 연속해서 매년 1개씩 헬스케어 리츠가 상장되었다. 노인홈을 중심으로 하는 서비스가 수반되는 고령자용주택 및 그룹홈도 투자 대상이 되었다. 병원도 투자대상으로 할 수 있으나 현재 의료업계의 반발로 난항을 겪고 있다.

현재 헬스케어 리츠는 3가지 사례가 있다. 하나는 일본헬스케어(日本ヘルスケア)투자법인이며, 이는 일본 최초의 헬스케어 시설특화형으로 상장되었다. 이 리츠의 스폰서는 다이와증권그룹이다. 헬스케어 시설의 운영사업자와 장기 임대료 고정으로 임대차계약을 체결하고, 현금흐름 안정화를 도모하고 있다.

2014년 11월에 상장되었다. 보유물건 수 14동, 거실 수 1,172실이고, 현재 가동률은 100%, 총자산액 132.8억 엔이다. 주당 가격은 26만 3,400엔이다. 2016년 7월 말 현재 배당수익률 4.31%이며, 시가총액은 140.7억 엔이다.

두 번째 상장 사례는 헬스케어및메디칼(ヘルスケア&メディカル)투자법인이다. 이 리츠는 고령자용주택 및 의료연관시설 등 헬스케어시설에 중점적으로 투자하는 헬스케어 특화형이다. 주요 스폰서가 가지고 있는 개호-의료, 펀드운영, 금융의 기능 및 노하우를 활용하고 있다. 2015년 3월에 상장되었고, 보유물건 수 16동, 거실 수 1,440실이

다. 가동률 100%, 총자산액 236.8억 엔에 이른다. 주당 가격은 15만 7,400엔이다. 배당수익률은 4.12%이고 시가총액은 129.8억 엔이다. 2016년에 상장된 경우인 시니어리빙투자법인은 배당수익률이 4.58%이고 시가총액은 129.8억 엔이다. 투자물건은 14동이다.

임대주택 리츠와 비교할 경우 헬스케어 리츠는 시가총액 규모가 1/10 수준이지만, 배당수익률은 1%포인트 정도 높게 형성되어 있다. 투자자 구성도 개인이 리츠주식에 직접 투자하는 비중이 매우 높다. 전체 절반 정도를 차지하여 임대주택의 개인 직접투자비중의 4~5배에 달한다. 지역별 분포는 도쿄나 수도권 비중이 1/3수준이고, 전국적으로 고르게 분포하는 특징을 가지고 있다.

시사점

일본 임대주택 리츠과 헬스케어 리츠에서 볼 수 있는 시사점은 다음과 같다.

첫째, 투자되는 임대주택이 주로 도심에 있는 원룸이나 콤팩트형으로 소형 위주로 이루어졌다. 이는 다른 유형에 비해 상대적으로 수익성이 높은 전형적인 수익형부동산 물건이라고 할 수 있다.

그렇지만 이러한 형태의 임대주택은 금융위기 시에는 젊은 임차인들이 주거비 부담으로 빠져나가면서 대규모 공실을 초래할 수 있다. 이로 인해 스폰서 교체나 합병 등의 문제점이 2008년 이후 지속적으로 나타났다. 따라서 이를 해결하기 위해서는 장기계약에 의한 안정적 임차인을 유치하는 것이 매우 중요하다.

둘째, 리츠의 스폰서로서 주요 대기업들이 참여함으로써 투자의 안정성과 운영의 효율성을 높이고 있다. 스폰서드 리츠의 장점은 투자물건의 공급, 투자, 운영을 일관되게 스폰서가 제공함으로써 투자물건의 품질과 운영의 안정성을 유지하는 것이다. 이를 통해 임대주택 리츠에 대한 일반 투자자들이 리츠투자에 대한 신뢰도가 높아진다는 점에서 임대주택 리츠 투자 유치의 핵심 요소라고 할 수 있다.

셋째, 일본 임대주택 리츠는 상장을 통해 다양한 투자자를 유치하고 있다. 리츠 주식투자는 금융기관과 더불어 개인들이 노후자금을 운용하는 수단으로 활용되고 있다. 일본도 직접 개인이 투자하는 경우만이 아니라 리츠투자펀드나 ETF를 통해 다양한 형태로 리츠주식에 투자하고 있다. 현재 임대주택 리츠의 약 50%는 이러한 개인이 투자를 함으로써 노후자금으로 활용하고 있고, 헬스케어 리츠는 직접 개인투자가 50%에 달하고 있다.

넷째, 리츠의 운영기간은 사실상 영구적이다. 2000년대 중반 이후 도입된 임대주택 리츠는 비록 스폰서가 변경되거나 합병하는 경우는 있었지만 청산되지 않고 지속적으로 운영되고 있다. 이러한 임대주택에 대한 장기투자는 리츠투자의 본질적인 성격에 충실한 것이다. 사모리츠나 부동산펀드와는 다른 것이다. 이에 따라 투자자가 원하는 경우 투자자로 남을 수도 있고 원하면 주식시장에서 주식 매각을 통해 자금을 회수할 수도 있다.

다섯째, 주로 젊은 계층을 대상으로 하는 임대주택과 달리 고령자를 대상으로 하는 시니어주택(헬스케어)을 투자 대상으로 확대하고 있다. 세계에서 가장 노령인구가 많은 일본에서는 고령자용주택을 대상으로 하는 공공지원 정책이 대규모로 시행되고 있다. 이러한 공공지원을 받는 민간의 고령자주택을 중심으로 리츠화한 것이 헬스케어 리츠라고 할 수 있다. 즉 각종 고령자용주택들을 리츠 투자를 통해 장기적으로 안정 공급하는 투자형태가 확산되고 있다.

일본 임대주택 리츠의 이상과 같은 다양한 시사점을 우리나라 임대주택의 리츠 투자에서도 활용할 필요가 있다. 즉 직장을 가진 1~2인을 위한 도심 임대주택의 공급, 신뢰성 높은 리츠투자 스폰서의 참여, 상장을 통한 자금유치 및 운영, 장기 운영을 통한 투자안정성 보전, 고령자를 대상으로 하는 실버주택 투자 확대 등 일본에서 임대주택 리츠 투자의 경험을 충분히 반영하여 국내 리츠투자를 할 필요가 있다.

03
국내 임대주택 리츠의 현황과 사례[25]

국내 임대주택 리츠의 현황

임대주택 리츠 도입의 경과

우리나라 임대주택 리츠는 2014년 공공임대리츠와 민간제안리츠라는 명칭으로 본격적으로 시작되었다. 2008년 글로벌 금융위기 후 희망임대주택 리츠와 같은 임대주택 리츠가 존재했지만 이는 하우스푸어의 주택을 매입해서 한시적으로 운영하는 형태였다. 따라서 희망임대주택 리츠는 전형적인 임대주택 리츠라고 보기 힘들다. 금융위기 시에 개인 가계의 부채 위기를 해소하기 위한 수단으로 도입되어 일반적으로 투자를 위한 주택임대 리츠는 아니다.

　이에 비해 2014년에 도입된 공공임대리츠와 민간제안리츠는 리츠의 투자구조를 활용하면서 임대주택의 새로운 투자 형태를 제시했다는 점에서 이전의 희망임대주택 리츠와는 다른 의미를 가지고 있다. 2015년

---

25) 이하의 내용은 기본적으로 "이상영, 2015, 주택임대시장에서 리츠의 역할과 개선방향, 주택도시연구, 5(2), 1～16 "의 내용을 근간으로 하였다. 따라서 이 장의 일부분은 이상영(2015)의 연구를 인용한 것이며, 여기에 본고의 맥락에 맞게 수정, 보완, 재구성하였다.

8월에는 민간제안리츠를 전면적으로 지원하기 위한 「민간임대주택에 관한특별법」이 도입되면서 민간제안리츠는 뉴스테이(New Stay)사업으로 발전하였다. 뉴스테이 리츠는 연간 5% 임대료 인상제한과 더불어 의무임대기간 8년이 부과되었다. 또한 주택도시기금 출자 이외에 기금 융자까지 가능하도록 지원 범위가 확대되었다.

임대주택 리츠의 종류

현재 도입된 임대주택 리츠의 종류는 제도적으로는 공공임대주택 리츠와 뉴스테이로 명명된 민간임대주택 리츠의 두 가지 유형이다.

　우선 공공임대리츠는 10년 동안 저렴한 임대료로 임대한 후 입주자가 분양받을 수 있는 권리를 행사할 수 있는 공공건설임대주택에 투자하고 있다. 공공임대주택 리츠는 LH(한국토지주택공사)가 리츠의 AMC로서 참여한다. 현재 LH는 겸업 형태로 리츠 AMC인가를 받았다. 기존에 겸업이 가능한 경우는 부동산신탁회사뿐이었지만 LH는 공공임대주택을 운영하는 공기업이기 때문에 국토교통부로부터 AMC인가를 받아서 공공임대리츠를 운영하고 있다.

　두 번째 유형은 민간임대주택 리츠로 공공임대주택 리츠와 달리 분양전환의무가 없고, 8년 이상 임대기간과 연간 5% 이하 임대료상승의 제한만 의무로 부여받고 있다. 「민간임대주택에관한특별법」의 제정으로 기업형임대 리츠인 뉴스테이(New Stay)로 브랜드화되었다. 이에 따라 공공택지, 주택도시기금 출자 및 융자, 도시주택보증 보증 제공, 특별용적률 인센티브 등의 공적 지원이 제도화되었다.

임대주택 리츠의 현황

공공임대리츠는 2014년에는 총 1만 2,000호가 승인받았고 2015년에

표 2-19 공공임대리츠 공급계획(2014~2017)

구분	2014년	2015년	2016년	2017년	합계
현재(호)	1.2만	1.7만	1.6만	1.5만	6.0만
변경(호)	1.2만	1.7만	1.8만 (0.2만↑)	2.0만 (0.5만↑)	6.7만 (0.7만↑)

출처 : 국토교통부, 2016.6.1, "2016년 주거종합계획"

표 2-20 뉴스테이 공급계획(2015~2017)

구분		2015년	2016년	2017년	합계
사업지 확보	기존(호)	2.4만	5만	5.6만	13만
	변경(호)	2.4만	5.5만 (+0.5만)	7.1만 (+1.5만)	15만 (+2만)
공급 (영업인가)	기존(호)	1.4만	2.5만	4.1만	8만
	변경(호)	1.4만	2.5만	4.6만 (+0.5만)	8.5만 (+0.5만)
입주자 모집		0.6만	1.2만	2.2만	4만

출처 : 국토교통부, 2016.6.1, "2016년 주거종합계획"

는 1만 7,000호가 승인받았다. 이에 따라 국토교통부는 2014~2015년 2년간에 걸쳐 2만 9,000호를 공급하였다. 2016년 이후에도 비슷한 규모의 공공임대리츠를 공급하여 4개년간 총 6만 호를 공급할 계획이었다. 그런데 2016년 6월 발표된 국토교통부의 '주거종합계획'에서는 공공임대리츠 공급물량을 2017년까지 기존 6만 호에서 6.7만 호로 확대할 계획을 발표하였다.

민간임대주택 리츠는 2014년에 1,278호, 2015년에는 2만 호가 승인되었다. 국토교통부는 2016~2017년에 걸쳐서는 매년 2만 호의 물량을 추가로 공급할 계획이었다. 이렇게 되면 3년간 총 6만 호의 민간임대

그림 2-9 뉴스테이 공급계획(2015~2017)

출처 : 국토교통부, 2016.6.1, "2016년 주거종합계획"

주택이 공급할 예정이었다. 그런데 2016년 초에 뉴스테이는 13만 호까지 확대공급하는 것으로 결정되었고, 최종적으로 6월 '주거종합계획'에서는 3년간 15만 호를 공급하는 것으로 변경되었다. 이에 따라 입주자 모집 4만 호, 영업인가 목표는 8.5만 호, 사업지 확보까지 포함해서 15만 호를 공급하는 것으로 계획하고 있다.

　이러한 뉴스테이의 대규모 공급을 위해 기존 뉴스테이를 2가지 유형에서 4가지 유형으로 확대했다. 기존에는 '민간제안형'이나 LH의 토지를 이용하는 '공모형'만이 있었다. 그렇지만 2016년부터는 용적률 인센티브를 받아 사업성을 개선한 '공급촉진형'과 정비사업에서 일반분양분을 매입해서 임대사업을 하는 '정비사업형' 등 2가지 유형이 추가되었다. 공급촉진형이나 정비사업형은 그린벨트 토지를 매입하거나, 정비사업이 진행되는 과정이 장기간 시간을 요한다. 이에 따라 2017년 이후에 이들 유형은 본격적으로 리츠사업이 이루어질 것으로 예상된다.

　4가지 기본 유형 이외에 국토부가 '주거종합계획'에서 토지만 공급하는 '토지지원리츠'를 도입할 예정이다. 토지지원리츠는 뉴스테이 사업자가 초기에 토지매입비 부담 없이 임대사업을 추진할 수 있도록 토지를 저렴하게 임대해 주는 형태가 된다. 이때 주택도시기금, LH 등이 출자하여 설립한 토지지원리츠가 채권발행 등을 통해 조달한 자금으로 토지를 매입한 후 임대사업자에게 임대하는 형태로 영등포구 교정시설 부지(1,800호 내외)를 대상으로 1호 사업을 추진할 예정이다.

공공임대주택 리츠 사례 : LH

조직 및 구조

공공임대주택 리츠는 기존 10년 분양전환형의 공공건설임대주택을 리츠 방식으로 투자하여 공급하는 형태를 취하고 있다. 이때 리츠의 위탁관리를 위한 AMC가 필요한데, 이 AMC 기능을 LH가 겸업형태로 직접하게 수행하게 되어 있다. 동시에 LH는 출자자로서 리츠 지분의 20%를 출자함으로써 기획, 자금조달, 지분투자, 자산관리를 동시에 수행하게 된다. 시공은 단순 도급 형태로 외부 건설사가 수행하게 된다. 외국의 예로 보면 일본이나 싱가포르에서 볼 수 있는 전형적인 스폰서 리츠의 형태라고 할 수 있다.

자금조달구조를 보면 전체 사업비의 10%는 출자로 조달하고, 나머지 90%는 차입으로 조달한다. 출자는 LH가 출자금의 20%, 주택도시기금이 80%를 조달하는 형태를 취하고 있다. 이때 주택도시기금은 우선주로 출자하고 LH는 보통주로 출자하게 되어 주택도시기금이 우선 배당을 받게 된다.

결과적으로 LH는 전체 사업비의 2%를 출자하고 주택도시기금은 8%를 출자하는 것이다. 사업비의 차입 90%는 주택도시기금이 후순위 융자로 20%, 임대보증금 35%, 선순위민간차입 35%로 구성된다.

최근에는 저금리 하에서 상대적으로 수익성이 높은 공공임대주택

그림 2-10 공공임대주택 리츠의 사업구조

출처 : 국토교통부, 2014.11.21, "리츠, 새로운 임대주택 공급주체로 우뚝"

리츠에 민간자금의 융자는 35% 수준으로 이루어져 있다. 주택도시기금은 33%(출자 8%, 융자 25%), 보증금이 높아지면서 임대보증금 30%, LH 2%의 비율을 보이고 있다. LH가 사업비 중 2%만 출자하지만, 전체 리츠의 신용보강을 위해 LH는 청산 시 임대주택 매입 확약을 하고 있다. 또한 주택도시보증공사는 이 사업에 대한 금융권 자금대출에 대한 보증을 통해 저리 융자가 가능하도록 하고 있다.

투자자산의 구성

공공임대주택 리츠의 투자자산은 10년 분양전환하는 공공임대주택이다. 이러한 공공임대주택은 임대의무기간 10년이 지나면 입주자가 우선하여 소유권을 이전받을 수 있는 임대주택이다. 사실상 임대와 분양이 혼합된 하이브리드(hybrid)형의 공공임대주택이라고 할 수 있다.

규정상 10년 공공임대주택은 전용면적 85㎡ 이하로 규모가 제한되고 있다. 또한 입주자격이 제한되기 때문에 당해 주택건설지역에 거주하는 무주택세대구성원으로서 입주자저축(청약저축, 주택청약종합저축 포함) 가입자로 제한되고 있다. 또한 자산보유와 소득기준도 충족하여야 한다. 즉 전형적인 공공임대주택 자산이 투자 대상이라고 할 수 있다.

투자 및 자산관리 전략

공공임대주택 리츠는 10년 공공임대주택에 투자를 하는 것이기 때문에 기한부 리츠로 부동산펀드와 그 성격이 크게 다를 바 없다. 또한 월세를 받는 임대주택이지만, 월세가 전세로 전환이 가능하다는 점에서 전세임대에 가까운 형태로 된다. 이에 따라 기본적으로 임대수익보다는 자본차익으로 수익을 내는 구조를 갖고 있다.

그렇지만 LH 입장에서 보면 2% 정도의 출자금으로 나머지 98%를 외부자금을 조달하여 공공임대주택을 지속적으로 투자할 수 있다는 장점이 있다. 공공임대주택 리츠는 LH 입장에서는 자기자금투자를 최소화하면서 보유 토지를 리츠에 매각하고, 그 운영을 위탁받는 점에서 외국의 스폰서드 리츠에 가까운 형태라고 할 수 있다.

다만 투자자산이 공공임대주택이기 때문에 임대료를 주변 시세보다 저렴하게 받아야 한다. 또한 LH는 임대의무기간이 끝나고 매각할 때 미매각분에 대해서는 매입의무가 부과된다는 점에서 청산위험을 인수하는 부담이 있다. 이와같은 매입확약은 일반 리츠에서는 볼 수 없는 위험회피 장치로 리츠 투자의 본질적 성격과는 다른 것이다.

뉴스테이 민간임대주택 리츠 사례

조직 및 구조

우리나라에서 뉴스테이 이전에는 민간건설임대와 관련해서는 공적 지원이 없었다. 그럼에도 민간건설임대가 공급된 경우는 분양가상한제가 실시되는 시기에 이를 피해서 10년 분양전환형태로 공급된 경우들이다. 즉 전세로 임대하고 있다가 입주자를 대상으로 감정가에 기초해서 분양 전환하기 위해서 채택을 한 것이었다.

이에 비해 뉴스테이는 중산층의 전세난 등을 고려하여 우량의 민간임대주택을 도심 주변에 공급하기 위한 정책적 목적에서 도입된 것이다. 이러한 목적에서 뉴스테이는 민간건설임대주택 투자가 가능하도록 리츠제도와 기금투융자, LH 토지 공급, 세제 혜택, 보증제도 등을 활용하는 제도다.

뉴스테이의 사업비 조달구조를 보면 사업제안자가 전체 사업비의 20%를 출자하고, 주택도시기금이 30%를 출자한다. 나머지 50%는 보증금 포함 민간자금으로 조달하는 형태로 시작되었다. 2015년 8월 「민간임대주택에관한특별법」 제정에 따라 공공임대리츠처럼 주택도시기금의 융자도 가능하게 되었다. 최근에는 출자자가 주택도시기금, 민간출자자, 사업제안자로 구성되고 있으며, 융자도 민간자금만이 아니라 주택도시기금이 포함되고 있다.

뉴스테이 리츠에 참여하는 사업제안자는 주로 건설사가 많다. 건설사들은 택지 확보, 시공사업 수주 등을 목적으로 이 사업에 참여하고 있다. 그렇지만 초기에는 건설사들이 직접 AMC를 설립하기보다는 주로 부동산신탁사나 독립계 리츠 AMC에 맡겨 왔다. 그렇지만 최근 들어서는 건설사를 포함하여 사업제안자들이 AMC를 설립하거나 설립을 추

그림 2-11 민간임대주택 리츠의 사업구조

- 리츠가 시행사로부터 주택을 시세보다 저렴하게 선매입하여 5~10년간 임대주택으로 공급 후 매각하여 청산

민간임대리츠 자금조달 기본구조

구분	융자 (민간자금)	우선주 (주택기금)	보통주 (제안자)
비율(%)	50%	30%	20%

- 민간임대리츠 : 사업제안자가 출자하여 리츠를 설립하고, 사업성을 심사하여 주택기금이 출자·융자를 지원하는 사업 – 도심지 재개발 지역 등 다양한 입지 내 다양한 형태의 임대주택 공급

출처 : 국토교통부, 2014.11.21, "리츠, 새로운 임대주택 공급주체로 우뚝"

진하는 경우가 늘어나고 있다. 즉 전형적인 스폰서드 리츠의 형태를 취해 가고 있다.

투자자산의 구성

민간임대주택 리츠는 형태상 몇 가지로 구분이 가능한데, 임대주택의 건설단계별로 보면 완공된 임대주택을 리츠가 매입하는 매입형과 리츠에서 건설자금까지 조달하는 건설형이 있다.

일반적으로 도심 내 오피스텔이나 도시형생활주택은 매입형으로 되고, 교외에 주로 건설하는 아파트단지들은 대개 건설형으로 사업 유형이 결정되고 있다. 즉 도심 내 임대료수입을 위주로 하는 경우는 프로젝트금융투자회사(PFV, project financing vehicle) 등을 통해 건설을 하고, 민간임대 리츠가 이들로부터 임대주택을 일괄 매입하는 형태를 취하고 있다. 그렇지만 이러한 형태는 건설형에 비해 상대적으로 일부분에 그치고 있다.

반면 대도시 교외에 위치하는 아파트단지들은 임대료가 보증금 위주로 되어 있고, 건설기간이 길다. 완공 후 입주를 하더라도 사실상 배당이 되지 않는 사업구조로 최종 매매차익을 통해 수익을 정산하는 형태를 취하고 있다. 이에 따라 주택도시기금과 같이 장기간 출자하는 공적기금이 필요하다.

이 유형에는 민간제안자가 스스로 토지를 매입하는 경우와 LH가 가진 토지를 경쟁 입찰을 통해 매입해서 사업을 하는 형태가 있다. 공모형으로 지칭되는 후자의 형태는 2015년부터 LH에 의해 토지가 공급되면서 증가하고 있다. 공모형은 2015년까지 1만 호 정도가 공급되었고, 매년 비슷한 규모가 공급될 예정이다. 향후 공급촉진형이나 정비사업형도 기본적으로 건설형이 될 것이다.

그런데 건설형은 대부분 매각차익을 주수입으로 하고 있다. 즉 초기에 높은 보증금을 받고 건설자금을 지불한 후 8년의 운영기간 중 임대수익은 거의 발생하지 않는 구조로 되어 있다. 이에 따라 연간 1.5%라는 투자임대주택자산의 매매가 상승을 전제로 전체 리츠의 수익성을 확보하고 있다. 즉 건설형 뉴스테이는 전체 사업이 매매차익에 주로 의존하는 구조라고 할 수 있다.

투자 및 자산관리 전략

뉴스테이는 투자성격상 지분(equity) 출자가 중심인데, 주로 두 가지 유형의 출자자가 참여하게 된다. 하나는 사업제안자로서 뉴스테이 사업을 주도적으로 수행할 민간 참여자이고, 다른 하나는 대주주로서 참여하는 재무적 투자자(Financial Investor, FI)다. 현재 뉴스테이는 FI의 역할을 주로 공적기금인 주택도시기금에 의존하고 있다.

이때 주택도시기금은 우선주 형태로 출자를 하기 때문에 보통주 내지 후순위주로 들어오는 사업제안자의 지분에 앞서 리츠로부터 우선 배당을 받게 된다. 이때 우선주의 출자수익률은 3.5〜4.5% 정도로 책정하고 있다. 대출부분은 민간금융기관으로부터 융자를 받거나 입주자의 보증금으로 대체한다.

그런데 초기에 비해 전체적으로 지분출자의 비중이 떨어지고 있다. 이렇게 된 가장 큰 이유는 뉴스테이의 임대형태가 보증부월세이지만, 대부분의 뉴스테이가 보증금을 상당히 높은 수준으로 책정하기 때문에 사업비에서 임차인의 보증금이 차지하는 비중이 크게 높아졌기 때문이다. 즉 도심의 오피스텔이나 도시형생활주택 등 원룸형의 임대주택은 월세비중이 높지만, 교외에 아파트단지형으로 건설되는 임대주택들은 반(半)전세에 가까운 형태다. 월세를 40만〜50만 원 정도하고, 나머지 임대료는 전월세 전환율 3〜4%로 환산해서 보증금으로 책정하고 있다.

이로 인해 사업비 중 임대보증금의 비중이 20〜30% 수준에 달하기 때문에 출자지분이 사업비에서 차지하는 비중은 50% 이하인 경우가 많다. 이에 따라 사업제안자의 실제 출자비율은 20%보다 훨씬 낮아지면서 5〜10% 수준까지 하락하고 있다. 특히 건설회사가 사업제안자인 경우 건설비용을 조기에 회수하고, 최종 청산과정에서 매각 후 배당하는 형태가 일반화되고 있다. 이렇게 되면 임대주택 리츠가 영구적 투자회사로 임대주택사업을 장기간 유지하기는 어려워질 수 있고, 부동산펀드와의 차별성이 크지 않은 결과를 가져오게 된다.

최근 이러한 문제점을 고려하여 건설사가 아닌 금융회사나 자산보유회사 등이 FI나 사업제안자로 들어올 수 있도록 제도개선을 하고 있다. 우선 청산배당 이외에 중간배당을 가능하도록 하여 투자기간 중 배당이 전형되지 않았던 기존 배당구조를 변경하였다. FI의 부담을 줄이기 위해 FI가 우선주로 투자하는 것도 허용하고, 준공 후 기금지분을 인수하는 방식도 검토하고 있다. 또한 뉴스테이의 주택도시기금의 지분을 투자하는 허브(hub) 리츠를 도입하여 허브 리츠가 발행한 채권을 매입하는 방안도 시도되고 있다.[26]

---

26) 국토교통부, 2015.11.13, "기업형 임대리츠, 허브(HUB) 만든다"

3부

서울형 임대주택 리츠의 특징과
서울주택도시공사의 역할

01
서울형 임대주택 리츠의 추진 현황

서울형 임대주택 리츠의 정책 목표 및 추진 전략

최근 서울시는 인구 및 가구구조 변화, 자가주택 공급의 한계, 주택 매매 가격 상승, 전세가 폭등과 월세화가 심화되었다. 이에 따라 서울시 전체의 인구 감소, 청년층 및 저소득층 임대료 부담 증가 등의 현상이 심화되고 있다. 이러한 배경에서 저렴한 공공임대주택 공급을 확대해야 하는 정책과제가 과거보다 크게 부각되고 있다.

서울시와 서울주택도시공사는 상당한 기간 동안 이 문제에 대처하기 위한 방안으로 다양한 공공임대주택 공급을 정책적으로 추진하여 왔다. 서울형 임대주택 리츠도 이러한 맥락에서 공공임대주택 공급을 촉진하기 위한 하나의 방안으로 구상되었다.

리츠를 활용하여 임대주택을 공급하는 방식은 이미 국토교통부가 2014년부터 공공임대주택 리츠와 민간제안리츠 형태로 도입하였다. 2015년부터는 민간의 경우 뉴스테이 방식으로 향후 3년간 15만 호를 공급할 계획을 세운 바 있다. 현재 서울형 리츠도 이러한 중앙정부의 정책과 연관이 되지만, 내용적으로는 서울에 맞는 주택수요 특성을 반영하여 국토교통부가 추진하는 리츠와는 다른 방식으로 이루어지고 있다.

서울의 경우 최근 전월세난 때문에 경기도나 인천 등 주택가격이 저렴한 주변 지역으로 인구의 유출이 급격히 진행되고 있다. 2016년 5월 서울시 인구는 주민등록 기준으로 999만 5,784명으로 1,000만 명 이하로 떨어졌다. 연간 8.5만 명의 30~40대가 외부로 유출되고 있다. 이처럼 전월세난으로 인한 인구감소에 대처하기 위해 서울시는 다양한 저가 임대주택공급 정책을 내놓고 있다.

특히 역세권 2030 청년 임대주택사업은 이러한 목적으로 추진되는 대표적 정책이다. 이 사업에서는 도시철도와 경전철 등 2개 이상 지하철이 교차하는 역세권에 청년층을 위한 준공공임대주택과 소형 공공임대주택을 공급할 계획이다. 서울시는 이 과정에서 민간 사업자의 참여를 유도하기 위해 파격적인 용적률 인센티브 등을 제공할 계획이다.[27]

그런데 서울시의 인구 감소에도 불구하고, 가구 수는 꾸준히 증가하고 있다. 2010~2035년까지 서울시에서 연평균 2만 4,000 가구씩 증가할 것으로 예상되는데, 이는 주로 1인가구 증가에 기인한 것이다. 1인가구는 연간 1만 6,000 가구씩 증가하여 2035년 1인가구는 전체 가구의 30.8%에 이를 것으로 전망되고 있다. 서울의 주택보급률이 97.9%로 전국 103.5%에도 미달하는 상황에서 이와 같은 1인가구 증가는 이들 계층의 주택공급 부족으로 인한 주거난을 새롭게 발생시킬 가능성이 높다.

현재 서울시는 자가점유율이 40.2%에 불과하여 약 60%가 임대주택에 거주하고 있다. 이에 따라 최근과 같은 임대료 상승의 과정에서 서울시민의 상당수가 주거비 부담으로 고통을 받고 있다. 1~2인 소형가구, 고령가구 등이 증가하면서 소형주택 수요는 급격히 증가하는 데 비

---

27) 임영신, 2016. 7. 12, "'청년이 빠져나간다' 천만인구 회복 추진 서울시대책부심", 매일경제신문 http://news.mk.co.kr/newsRead.php?no=499922&year=2016

그림 3-1 서울시 주거안정 주요정책의 소득분위별 대상

저렴주택 공급 확대		
• 공유주택, 공가주택 활용 확대 　공유공간 확대로 저렴주택 실현 　미활용 공가 활용(미추진 정비구역 내)	**소득수준**	**주거안정방안**
	8~10분위	민간임대주택 재고 확대
• 공동체 주택, 사회주택 등 다양한 주택공급 　공공(서울시,자치구,SH공사) + 민간(협동조합,사회적기업)이 　협력 공급	5~7분위	저렴주택 공급
	2~4분위	공공임대, 국민임대, 장기전세
• 민간을 통한 공공임대, 준공공임대주택 등 공급 확대 　서울리츠, 2030역세권 주택 등	1분위	영구임대, 주택바우처

출처 : 변창흠, 2016.6 , "새로운 주택도시문제 대응을 위한 지방주도형 주거복지 및 도시재생 정책
과제", p.10

해 이들에게 필요한 임대주택 공급은 매우 부족한 상황인 것이다. 특히
서울시의 청년가구(19~35세)는 월세 거주자가 많아 주거 빈곤의 문제
가 심각한 상황이다.

　　이러한 배경에서 서울시는 임대주택을 지속적으로 공급하기 위해
2018년까지 임대주택 8만 호 공급을 목표로 삼고 있다. 8만 호 중 공공
임대는 6만 호이고, 서울형 민간임대는 2만 호를 목표로 삼고 있다.

　　이러한 규모의 공공임대주택을 서울시가 자체적으로 공급하려면
서울주택도시공사의 재정적 부담이 크게 증가될 우려가 있다.[28] 이미
서울주택도시공사의 공공임대주택 공급과 운영과정에서 부채가 누적
되고 있기 때문에 새로운 공공임대주택 공급은 이 문제를 더욱 심화시
킬 우려가 있다. 2016년 서울시 전체 임대주택은 18만 1,236호에 달하
는데, 공급과정에서 지속적으로 재정적 부담을 증가시켜왔다. 그렇기

---

28) 서울주택도시공사의 2015년 부채총액은 16조 9,878억 원(부채비율 255%)으로 전
년에 비해 1,612억 원이 감소했으나 여전히 높은 수준이다. SH공사, 2016.3, '2016년 주
요업무보고', 서울시의회.

때문에 기존의 공공임대주택 공급방식만으로는 이번 서울시장 임기기간 중 8만 호라는 목표호수를 달성하기 어려운 상황이다.

이러한 측면에서 주택도시기금과 시중의 민간자금을 활용할 수 있는 리츠 사업방식은 매우 유용할 수 있다. 이를 통해 서울주택도시공사의 재정적 부담을 크게 늘리지 않으면서도 공공임대주택을 공급하는 것이 가능하다. 이렇게 함으로써 서울시의 저렴한 공공임대주택 공급을 획기적으로 늘릴 수 있다. 이러한 측면이 서울형 임대주택 리츠의 추진 배경이 되고 있다.

서울형 임대주택 리츠의 현황

서울형 리츠 사업은 2015년 3월 25일 리츠추진단 조직이 신설되고, 그 해 7월 30일 서울시장 주관의 기자설명회가 개최되면서 공표되었다. 2015년 9월 서울형 리츠 시행 시장방침이 수립되었다. 2015년 12월 18일 서울시의회에서 의결이 되면서 그 해 연말 발기 설립되었다.[29]

서울형 리츠를 운영하는 리츠자산관리회사(AMC, Asset Management Company)는 서울주택도시공사의 자회사로 서울투자운용이며 2016년 6월에 설립하였고, AMC는 서울주택도시공사가 기획해서 설립하는 서울리츠 1호부터 운영을 시작할 예정이다. 서울리츠 1호는 2016년 7월에 1호가 영업인가를 받았고, 서울리츠는 이 1호를 기초로 계속해서 확장되는 형태가 될 것이다. 이후 서울투자운용은 재정비리츠를 비롯한 임대주택 리츠만이 아니라 비주택 분야의 리츠를 포함하여 리츠자산관

---

29) SH공사, 2016.3, '2016년 주요업무보고', 서울시의회.

리를 전담할 것이다.

그런데 LH는 별도의 AMC 설립 없이 겸업허가를 받은 것에 비해 서울주택도시공사는 별개로 이것을 설립하게 됨으로써 비용 측면에서는 LH에 비해 불리하게 되었다. 장기적으로 AMC를 별개로 운영하기보다는 LH처럼 겸업을 하는 것이 바람직할 수 있다.

지역적으로는 서울로 한정되어 임대주택 리츠를 개발해야 하기 때문에 대상 부지를 찾는 것도 만만치 않다. 초기에는 일부 서울주택도시공사가 보유한 토지를 활용할 수 있지만, 이것만으로는 한계가 크다. 서울시 보유 부지도 역시 쉽지 않다. 토지의 사용용도를 임대주택으로 제한하는 것도 쉽지 않고, 장기간 운영을 전제로 하기 때문에 토지임대를 하는 측에 대한 인센티브가 제시될 필요가 있으나, 현실적으로 서울시에 별다른 인센티브가 제시되지 못하고 있다.

재정비리츠의 경우 2016년 7월 현재 가장 큰 문제가 되고 있는 오도가도 못하는 유형의 정비구역은 전체 정비구역의 약 40%에 달한다. 수익성이 높지 않고, 사업을 중단하기도 어려운 이러한 정비구역을 리츠로 활용하면 사업 자체도 진행하고, 저렴한 공공임대주택 공급도 동시에 가능해진다.

그렇지만 현실적으로 이렇게 진행하기에는 정비구역 내 이해관계자의 조정이 쉽지 않고, 재정비리츠 구조를 정확하게 이해하는 데에도 어려움이 발생하고 있다. 사업의 성격상 준공공성을 모토로 삼고 있지만, 공공성과 사업성을 조화시키는 것이 현실적으로 어려운 과제가 되고 있다. 즉 임대료를 높이면 사업성에 지나치게 경도된다고 비판받을 수 있고, 낮게 되면 사업성을 무시한다고 비판받을 소지가 있다. 또한 의무임대기간 8년 후에는 매각해서 청산해야 한다는 점에서 공공임대주택으로 더 이상 운영이 되지 않는 한계를 가지고 있다.

서울형 임대주택 리츠의 유형

서울주택도시공사가 공급하는 리츠의 유형은 4가지로 나눌 수 있다.

첫째는 서울리츠, 둘째 재정비리츠, 셋째 공공지원형 지식산업센터리츠, 넷째 자산유동화리츠다. 이 중 셋째와 넷째 유형은 임대주택이 아닌 지식산업센터이거나 장기전세주택(SHIFT) 및 가든파이브 유동화리츠다.

첫째 유형인 서울리츠는 행복주택형태로 운영기간 50년을 전제로 2030세대의 주거안정을 위한 장기임대주택 공급을 목표로 하고 있다. 현재까지 LH의 공공임대 리츠나 민간의 뉴스테이는 8년에서 10년 기한부로 운영되고 있기 때문에 서울리츠는 기존 유형과는 완전히 다른 초장기임대주택 유형이다. 더욱이 토지임대부로 진행되기 때문에 이 점 역시 토지를 매입하는 기존 유형에서는 볼 수 없는 형태다.

둘째 유형인 재정비리츠는 운영기간 8년으로 오도가도 못하는 재정비사업을 정상화하는 것이 목표다. 운영기간이라는 면에서는 뉴스테이와 유사해 보이지만, 재정비리츠는 주변시세의 70~80% 수준의 공공임대로서 공급된다는 점에서 뉴스테이와는 차별성을 가지고 있다.

셋째 유형인 공공형 지식산업센터리츠는 중소기업에 저렴한 임대료로 쾌적한 사무공간과 편익시설을 제공할 목적으로 도입된 유형이다. 이 리츠는 시세의 70~80%로 임대료를 받으며 10년간 2% 상승률로 제한하고 최초 5년 입주 후 연장이 가능하다. 이를 통해 산업클러스터화하여 중소기업의 생존율을 상승시키는 효과를 발생시키는 것이 목표다.

넷째 유형은 자산유동화리츠로 기존 장기전세주택을 유동화시키는 것이다. 장기전세주택은 서울주택도시공사의 재정을 악화시키고 있고 입주자에게 지나친 혜택이라는 비판을 받아왔다. 이에 전용 85㎡를 초과하는 장기전세주택을 유동화하여 공가의 재정 건전성을 강화하고 도시 재생 및 공공디벨로퍼 토대를 구축하려고 한다.

이밖에 대규모 시유지를 활용한 공공개발 리츠를 추진하고 있다. 이 유형은 공공시설을 복합화하여 마스터 리스(Master Lease) 후 위탁 관리하는 형태다. 또한 재개발 매입 임대 리츠를 공급할 예정이다. 재개발 임대주택 매입 시 부족한 재원을 리츠를 활용하여 보완하는 것이다.

02
서울리츠의 사업구조 및 특징

서울리츠의 사업구조

추진목표 및 전략

서울리츠는 행복주택에 투자하는 형태로 운영기간 50년을 전제로 하고 있으며, 서울리츠 1호는 30년으로 예정하고 있다. 주로 2030세대의 주거안정을 위한 장기 공공임대주택 공급을 목표로 하고 있는 것이다. 서울리츠 1호는 최근에 급등하는 전세금 및 전세의 월세 전환으로 서울을 이탈하는 젊은 층에게 직주근접이 가능한 주거환경을 제공하려는 것이다. 이를 통해 서울의 활력 저하를 방지하는 것이 목표라고 할 수 있다.

서울리츠는 기존 공공임대주택 리츠나 뉴스테이와는 전혀 다른 투자유형이다. 즉 LH가 AMC인 공공임대주택 리츠는 10년 분양전환주택으로 입주자가 10년 후 입주한 임대주택을 분양받을 수 있다. 따라서 10년간은 공공임대주택으로 유지가 되지만, 최종적으로 민간주택으로 전환되면서 공공임대주택에서 제외되게 된다. 뉴스테이도 민간임대주택이기 때문에 초기임대료 제한이 없고, 8년이 지나면 매각되도록 투자구조가 설계되어 있다. 반면 서울리츠는 공공임대주택인 행복주택에 투자하는 것으로 주택도시기금 등 공공자금 위주로 재원이 조달되고, 운영기간에 제한을 받지 않고 있다.

서울리츠는 임차인도 신혼부부이거나 사회초년생을 주 대상으로 한다. 초기 임대료는 주변시세의 70～80% 수준에서 설정되고, 연간 임대료 상승률은 2년에 5% 이하로 운영할 계획이다. 이때 거주기간은 6년을 보장하고 한다. 제공시설도 2030세대 거주에 필요한 시설을 특화할 계획이다. 즉 국공립 어린이집, 무인택배시스템, 학습방, 커뮤니티 시설, 약국, 세탁소, 은행 연계 보증금 대출 서비스 등을 제공할 계획이다.

사업구조

서울리츠의 사업구조는 서울주택도시공사가 보유하는 미매각용지나 시유지, 민간 토지 매입, 공공기관 이전 혹은 유휴 부지를 활용하는 것이 전제가 된다. 즉 서울주택도시공사가 리츠에 토지를 임대하는 토지임대부 리츠 형태가 된다. 서울리츠는 토지를 무상으로 서울주택도시공사로부터 임대하고 건설비를 시중 부동자금을 모아 충당하며, 임대료로 우선주 배당(5% 이하)하는 형태다.

서울리츠는 기본적으로 행복주택에 투자하는 것이기 때문에 주택도시기금의 출자 및 융자가 이루어지게 되며, 나머지는 서울주택도시공사 출자와 민간자금으로 충당된다. 입주가 완료되는 시점에서 일반인들도 리츠투자에 참여할 수 있게 기회를 확대할 예정이다. 주택도시기금이 출자되므로 동시에 보조금을 지불하는 것은 과도한 혜택이기 때문에 보조금 중 1/6을 출자금으로 전환하여 서울주택도시공사가 리츠에 출자하게 된다.

서울리츠 자체는 서울주택도시공사가 설립한 AMC인 서울투자운용에 의해 위탁관리된다. 리츠투자운용을 위탁하는 경우에는 리츠운영의 전문성을 전제로 하기 때문에 임대운영의 효율성을 제고하고, 투자수익성 확보에 유리할 수 있다.

그림 3-2 서울리츠의 구조

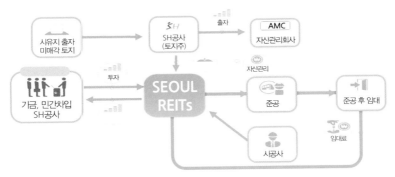

출처 : 변창흠, 2016.6, "공공디벨로퍼로서 SH의 역할과 새로운 주거복지 사업화 모델", p.12

    임대사업기간 중 보증부월세 방식으로 임대수입이 지속적으로 발생하는 구조로 이루어지기 때문에 운영수익에 기초해서 사업유지가 가능하다. 이에 따라 보증금 위주의 뉴스테이와 달리 전형적인 리츠투자사업으로 임대운영이 가능한 사업구조를 가지고 있다. 임차료 인상률은 2년에 4% 수준 내지는 그 이하로 낮은 수준을 유지할 계획이다.

    30년 후 매각 시에는 토지임대부 임대주택이기 때문에 인근시세 대비 잔존매각 비율을 건물배분비율 수준으로 책정하게 된다. 토지부분이 매각되지 않기 때문에 매각시점 감정평가액으로 산정하더라도 건물부분의 비중은 낮게 된다. 서울리츠의 임차가 종료될 경우에는 서울주택도시공사에서 우선매수하게 된다.

자금조달

서울리츠는 주식회사형태로 '서울리츠임대주택제1호위탁관리부동산투자회사'라는 명칭으로 설립되었다. 「부동산투자회사법」에 의해 도입되는 것이기 때문에 회사 명칭에 이 내용이 명시되는 것이다.

주식회사이기 때문에 주총과 이사회 등이 구성되어야 하고, 출자지분에 의해 의사 결정이 이루어지게 된다. 출자기준으로 대주주(51%)는 주택도시기금이 된다. 다만 출자 형태가 주택도시기금이 우선주로 되고, 서울주택도시공사는 후순위 보통주(49%)로 되기 때문에 배당은 우선적으로 주택도시기금에 이루어지고, 남은 금액이 후순위로 서울주택도시공사가 배당받게 된다.

토지를 무상으로 임차하기 때문에 일반적인 임대 리츠보다 사업비는 적은 금액만이 소요되며, 대부분의 필요사업비는 건설비에 해당이 되고 위탁관리비, 금융비용, 제세공과금 등이 일부 들어간다.

재원조달은 자기자본을 포함하고, 공공임대주택이기 때문에 정부보조금, 주택도시기금 융자가 전체 자금의 70% 가까이 된다. 상대적으로 서울주택도시공사는 전체 사업비의 일부만을 출자 형태로만 조달하게 된다.

나머지 자금은 민간융자, 임대보증금 등으로 구성된다. 즉 민간융자가 25%, 임대보증금이 약 5% 정도로 사업비의 30% 정도가 민간에 의해 조달된다. 이러한 사업구조는 LH의 공공임대 리츠와 유사하며, 공공주택으로 정부보조금이 있기 때문에 공적 자금이 더 많이 투입되는 구조가 된다.

자본금의 경우 주택도시기금이 요구하는 지분출자분에 대한 요구수익률이 뉴스테이와 같은 민간에 비해 낮게 책정되고, 기금융자도 초저금리(1% 수준)로 책정되기 때문에 전체적으로 사업비 조달비용은 민간에 비해 상당히 낮을 것으로 예상된다. 다만 민간대출은 민간대출 이자 수준을 요구할 것으로 보여 이 부분은 상대적으로 조달금리가 높을 것이다. 그렇지만 전체 자금조달에서 차지하는 민간융자의 비중이 낮고, 정부보조금 등이 주어지기 때문에 전체 사업비의 조달비용은 상당히 저렴하게 될 것으로 예상된다.

사업대상지 확보 방안

서울리츠는 서울주택도시공사가 보유 중인 토지를 1호로 시작할 계획이다. 1호 사업지는 은평지구 편익용지3, 은평지구 도시지원시설용지, 신정3지구 자족시설용지를 대상으로 하고 있다. 총 호수는 1,527호로 은평 편익용지3은 아파트(372호), 은평 도시지원시설용지는 오피스텔(642호), 신정3 자족시설지는 아파트(498호)로 건설할 예정이다.

1호 서울리츠는 「부동산투자회사법」상 위탁관리 리츠로, 실제 자산의 투자 및 운영을 자산관리회사에 위탁해야 한다. 서울주택도시공사가 설립한 서울투자운용을 AMC로 해서 위탁운영하게 된다. 1호 영업인가는 2016년 7월 5일 획득하였다.

이후 사업지는 서울시 전역에 걸쳐 검토하며, 강남구, 금천구, 노원구, 마포구, 송파구, 양천구, 영등포구, 은평구 등에 후보지를 검토하고 있다. 이들 토지는 대부분 서울주택도시공사가 보유한 토지이거나 매입부지, 시·구 보유 토지에 해당된다.

그렇지만 사업 대상 토지의 부족으로 서울리츠 공급 확대에 한계가 발생할 것으로 예상된다. 따라서 서울시는 직주근접이 가능한 주차장 부지, 공공기관 이전지 등 시유지를 서울리츠 활용토지로 사용 가능하게 정책지원을 할 계획이다. 지속적인 공급을 위해 시유지를 서울리츠에 장기임대해서 활용하는 방안을 강구해야 하는 과제가 있다.

서울리츠에서 서울주택도시공사의 역할

서울리츠에서 서울주택도시공사는 실질적인 기획자이면서 관리자로서

표 3-1 서울리츠 1호 건축개요

구 분	합 계	은평 편익3	은평 도시지원시설	신정3 자족시설
용도지역	−	제2종 일반주거	준주거	제3종 일반주거
대지면적	27,763㎡	11,196㎡	6,334㎡	10,233㎡
연면적	109,747㎡	32,159㎡	35,070㎡	38,321㎡
용적률 (허용)	−	199.79% (200%)	398.83% (400%)	268.31% (270%)
규모 및 층수	−	아파트 4개동, B1~15F	오피스텔 1개동, B3~20F	아파트 4개동, B2~15F
세대수 (전용면적)	1,512세대	372세대 (39,42㎡)	642세대 (23㎡)	498세대 (26,39㎡)

출처 : 서울주택도시공사 내부자료

다양한 역할을 하고 있다.

우선은 서울주택도시공사는 공공디벨로퍼로서 서울리츠를 비롯한 서울형 리츠 전반의 사업을 기획하고 있다. 즉 SH는 서울시 주택정책에 기반해서 새로운 공공임대주택의 공급 형태로 사업이 이루어지는 서울리츠의 기획 총괄자로 역할하고 있다.

이처럼 서울주택도시공사는 시행 및 관리를 담당하게 되면서 시행비용을 줄이고, 임대관리비용을 인하할 수 있다. 이 과정에서 시공사는 단순도급자로서 활용하여 건축비 인하 및 각종 부대비용을 절감하여 리츠의 수익성을 제고할 수 있다.

나아가 서울주택도시공사는 직접적으로 리츠 AMC의 최대주주로서 향후 자산관리자 역할을 잘 할 수 있도록 후원, 지원하는 역할을 해야 한다. 서울주택도시공사는 주요 대상부지를 개발하여 제공하고, 토지임대주로서, 지분출자자로서 서울리츠에 주요한 자원공급자 역할을

그림 **3-3** 서울투자운영주식회사의 조직도

출처 :서울투자운용, 2016.7.8, "서울투자운용 주식회사 리츠관련 업무개시 본격화"

해야 한다.

현재 서울리츠의 AMC인 서울투자운용은 2016년 6월 29일 설립되었다. 출범시 2본부 4팀 체제(13명)로 서울리츠 1호와 향후 영업인가될 다양한 리츠사업을 전담 관리하게 된다. 서울투자운용은 서울리츠, 재정비리츠를 비롯한 서울시 4가지 유형의 리츠 AMC 기능을 담당하게 될 것이다.

서울투자운용의 지분구조를 보면, 서울주택도시공사가 35.1%를 출자해서 최대주주가 되고, 5개 금융기관이 64.9%를 출자한다. 5개 금융기관은 신한은행(9.95%), 신한금융투자(9.95%), 우리은행(15%), 한화손해보험(15%), 더케이손해보험(9.95%) 등이며, 총 100억 원을 출자하였다.

향후 서울주택도시공사는 서울리츠가 적정 임대료를 유지하는 등 공공성을 확보하는 데 최대주주로서 그 역할을 할 것이다. 같이 출자하는 민간 금융기관은 효율적으로 자본을 조달하고 출자자를 확보하는 역할을 맡는다.

주택도시기금은 서울리츠에 출자와 융자를 하게 되는데, 전체 자금의 상당부분을 담당하게 될 것이다. 따라서 서울리츠 자체의 대주주는 주택도시기금이 되고, 정부정책에 부합하는 임대료정책 및 투자운용정책을 구사해야 한다. 이렇게 서울리츠에서 서울주택도시공사, 서울투자운용, 주택도시기금은 공동으로 운용과정에서 사업전반에 협조하는 관계가 될 것이다.

서울리츠의 특징 및 효과

특징

서울리츠는 국토교통부의 뉴스테이와는 개념적으로나 사업전략 면에서 큰 차이가 있다.

첫째, 서울리츠는 토지를 매입하지 않고 임대함으로써 상대적으로 토지비가 저렴해지는 효과가 있다. 토지를 매입하지 않고 토지임대료만을 지불함으로써 건축비만 조달하면 사업이 가능해진다.[30] 이때 토지는 서울주택도시공사가 보유하거나 시유지로서 미활용되거나 유휴화된 부지를 활용할 수 있다는 장점도 있다.

둘째는 운영기간을 최소 30년 장기로 해 기존 공공임대주택(10년)이나 뉴스테이(8년)와는 달리 청산 과정 없이 사실상 영구적 운영이 가능하다. 외국의 사례를 보더라도 기한부로 임대주택을 투자하는 경우는 거의 볼 수 없는데, 리츠사업의 본질상 영구적 운영을 전제로 하는

---

30) 국토교통부는 2016년부터 시범사업으로 토지임대부 임대 리츠를 도입할 예정이다.

표 3-2 서울리츠와 뉴스테이 비교

구분	서울리츠	뉴스테이(민간)	공공임대리츠(LH)
토지공급방식	토지임차	토지매입	토지매입
출자자	서울주택도시공사, 주택도시공사, 시민, 주택도시기금	기관투자자, 건설사, 주택도시기금	LH, 주택도시기금
배당구조	임대형 (운용수익)	임대형 (매각차익 위주)	임대후 분양형 (매각차익)
임대료	주변시세 70 ~ 80%	주변시세 대비 자율 결정	주변시세 80%
공급면적	전용 49㎡이하	전용 84㎡이하	전용 84㎡이하
기금융자 지원	있음	있음	있음
대상	신혼부부, 사회초년생	일반아파트 특정대상 없음	저소득층 무주택자

출처 : 변창흠, 2016.6., "공공디벨로퍼로서 SH의 역할과 새로운 주거복지 사업화 모델", p.13을 수정함.

것이 바람직하다. 더욱이 공공임대주택이 부족한 상황에서 기한부로 하면 민간에 공공임대주택을 분양해야 하는 상황이 될 수가 있다는 점에서 장기운영이 바람직하다.

셋째, 장기운영에 따라 임대운용수익을 중심으로 리츠가 관리되기 때문에 뉴스테이와 달리 임대운영 효율성이 가장 중요하다. 뉴스테이의 경우는 보증금 위주로 운영되며, 이에 따라 8년 후 매각차익이 없이는 리츠의 수익성이 보장되지 않는 구조로 되어 있다. 반면 서울리츠는 토지매입을 하지 않고, 30년의 장기운영을 고려하기 때문에 매각차익보다는 운용수익에 의존하는 구조가 될 수 있다.

넷째, 서울형 임대주택은 행복주택이나 재정비주택을 대상으로 하면서 상대적으로 저렴한 초기임대료를 책정한다는 점도 뉴스테이와는 차이가 있다. 행복주택은 전용면적 49m² 이하로 6년 전후의 임대기간을 보장하고 있다. 대학생, 사회초년생, 신혼부부, 산업단지 근로자는 임대기간이 최대 6년, 취업준비생은 최대 4년이며, 고령자, 주거급여수급자는 최대 20년을 보장하고 있다.[31]

다섯째, 서울형 리츠의 자산관리회사는 서울주택도시공사가 출자한 자회사인 서울투자운용이 맡고 있다. 국토교통부의 공공임대주택리츠는 LH가 겸업허가를 받아 직접 AMC 기능을 하고 있다. 이에 비해 서울주택도시공사는 「부동산투자회사법」 등에서 제약이 있어 서울주택도시공사가 겸업 허가를 받을 수 없는 상황이다.[32] 이에 따라 별도로 AMC를 설립해서 위탁받아 운용하는 형태가 되고 있다.

효과

첫째, 서울리츠는 기존 방식과 달리 서울주택도시공사가 자체 자금조달에 의해 공공임대주택을 공급하는 것이 아니라 투자자를 모집하여 임대주택을 공급한다는 점에서 전혀 새로운 주택공급방식이 된다. 이렇게 함으로써 서울주택도시공사가 기존에 임대주택공급과 운영에서 발생하는 적자구조를 벗어나는 데 크게 도움을 줄 수 있다. 전체 사업비 중 리츠에 대한 약간의 출자 지분 이외에는 주택도시기금이나 민간 투

---

31) 한국토지주택공사, 2016.6, 알기쉬운 임대주택안내, p.16.

32) SH는 「부동산투자회사법」 제22조의3(자산관리회사의 인가 등) 제3항 제1호에 따라 자산관리회사를 겸영할 수 없다. SH공사가 지방공기업법 제2조(적용범위) 제2항 제1호에 의거 조례로 자산관리업 겸영이 가능토록 사업범위를 추가하더라도 부동산투자회사법에 의한 예외적 겸영이 아니므로 자산관리회사로 SH가 인가를 받을 수 없어 별도 AMC를 설립해야 한다. 오동현, 2016. 6.21, "서울리츠 AMC 출범 임박…리츠1호 10~11월 착공", 뉴시스 http://www.newsis.com/ar_detail/view.html?ar_id=NISX20160621_0014166100&cID=10201&pID=10200

자자금을 활용하게 된다.

둘째, 임대주택의 건설과정과 임대운영과정에서는 건설비용을 절감하고, 임대운영 효율성을 제고할 수 있다. 이를 통해 공공임대주택 건설과 공급에 따른 비효율성을 최소화하여 적자구조를 해소하고, 장기 운영에서도 역시 흑자운영을 도모할 수 있다. 이를 통해 공공임대에서 필요로 하는 커뮤니티 시설이나 공동체운영 등에 지원해 공공임대주택의 주거환경을 크게 개선할 수 있다.

셋째, 서울리츠는 임대료를 주변시세의 70~80% 수준으로 저렴하게 하기 때문에 상대적으로 저렴한 공공임대주택을 2030 젊은 계층에게 제공해 주거안정에 기여할 수 있다. 임대기간 역시 6년 이상으로 장기간 유지하게 되며, 임대료 인상도 제한적이기 때문에 임차인은 저렴한 임대료로 장기간 주거가 가능하게 된다. 이에 따라 서울지역에서 경기도 등 외곽으로 빠져나가던 젊은 계층이 서울에서 직주근접 방식으로 생활하는 것이 가능하게 될 것이다.

넷째, 6년 정도 순환하게 되면 50년 장기운영과정에서 지속적으로 임차인을 회전시킬 수 있다. 이에 따라 좀 더 많은 2030세대가 서울리츠를 활용할 수 있게 된다. 현재 대부분의 공공임대는 초기에 입주한 세대가 장기간 이용해 다른 세대에 기회가 주어지지 않는 것에 비해 효율적인 측면이 있다. 특히 2030세대가 소득이 있는 계층으로 서울리츠가 주거단계를 높이는 과정의 주거사다리로서 연결 기능을 할 수 있다.

다섯째, 서울리츠가 대상으로 하는 토지들은 서울주택도시공사가 가진 장기유휴지나 미활용용지들이 포함되며, 서울시 역시 활용도가 떨어지는 부지나 주차장 등 제대로 활용이 어려운 부지들을 잘 활용하게 된다. 이렇게 함으로써 서울주택도시공사의 장기 미활용토지 문제를 해결하고, 서울시 도시재생에도 도움을 줄 수 있다.

여섯째, 서울리츠 사업은 리츠의 운영을 위한 AMC 설립, 리츠 임대관리를 위한 PM(Property Management)사업 전개, 연관된 시설관리, 중개 등 다양한 사업이 창출된다. 이 과정에서 사업 전개를 위한 인력고용 등을 통해 새로운 일자리 창출에도 기여하게 될 것이다.

서울리츠의 현황과 전망

현황과 문제점

서울리츠는 사업구상에서 인가까지 1년 이상의 기간이 소요되었다. 이는 처음에 예상치 못한 현실적인 문제들이 존재했기 때문이다. 최초에 서울리츠는 서울주택도시공사가 직접 AMC 기능을 겸업할 계획이었으나 「부동산투자회사법」상에서 허용이 되지 않기 때문에 LH와는 달리 리츠 AMC를 별개 기업으로 설립하게 되었다. 이 과정에서 서울주택도시공사와 서울투자운용 간의 역할 분담과 출자, 조직 구성을 위해 시간이 추가로 필요해졌다.

서울리츠의 개념과 관련해서도 행복주택과 같은 공공임대주택을 공급하는 부분에는 공감이 되었지만, 자금조달과 관련해서 시민주와 같은 형태로 서울시민을 리츠 출자자로 참여시키는 방식에 대해서는 논란이 있었다. 현재는 리츠 사업비를 조달하기 위한 출자나 융자의 대부분을 주택도시기금에 의존하는 구조이지만, 장기적으로 이런 구조가 바람직한가에 대한 논의는 여전히 필요한 상황이다.

서울리츠의 향후 최대 난제는 적절한 임대주택 공급지를 지속적으로 추가 제공할 수 있느냐 하는 문제다. 현재 서울리츠 1호는 기왕에 서울주택도시공사가 보유하던 토지이기 때문에 쉽게 서울리츠에 임대주택용으로 제공되었다. 그렇지만 이러한 토지가 매우 제한적이라는 점에서 추가적인 서울리츠 임대주택 발굴에는 상당한 애로가 발생할 것으로 보인다.

일부 지역에서 여전히 공공임대주택에 대한 여론이 좋지 않은 지역도 있기 때문에 구청이나 해당 지역 주민에게 서울리츠의 내용과 성격을 잘 이해시킬 필요가 있다. 서울리츠의 입주자가 대부분 청년층 또는 신혼부부, 사회초년생 등으로 지역 내 소득창출과 소비활성화가 가능한 계층이라는 점을 강조할 필요가 있다. 이들이 장기적으로 지역 주민으로 정착하면서 지역경제 활성화에도 도움을 줄 수 있다는 점도 인식시킬 필요가 있다.

전망과 과제

서울시의 인구 및 가구 구성의 변화와 전월세화 현상에 따라 서울시의 임대주택 부족과 주거비 상승의 문제는 지속될 것이다. 이에 따라 서울 지역 내에서 2030세대에게 저렴한 임대주택을 공급하는 문제는 서울시 주택정책의 중요한 과제가 될 것이다. 이 과제를 해결하기 위한 서울리츠에 의한 행복주택 공급은 유용한 방안이 될 수 있다.

그렇지만 현실적으로는 이러한 공급물량을 충분히 확보하고, 자금을 조달하는 데는 많은 해결 과제가 있다. 서울리츠의 향후 과제를 정리해 보면 다음과 같다.

첫째는 공공임대주택의 대상 부지를 확보하는 것이 가장 어려운 과제가 될 수 있다. 서울리츠는 토지임대부 임대주택의 형태이기 때문에 토지를 제공할 수 있는 임대주가 존재해야만 하는데, 여기에는 많은 제약이 있다. 무엇보다도 토지를 제공하는 임대주들에게 줄 인센티브가 부족하다. 토지를 제공하고 받는 임대료에 비해 재산세 등 보유에 따른 공적 부담이나, 향후 해당 토지의 개발제약 등을 고려할 때 적극적인 임대주택용 토지제공을 꺼리게 된다.

둘째는 서울리츠로 공급하는 임대주택에 대한 지역주민의 거부감을 줄이고, 지역발전에 도움이 될 수 있다는 점을 적극적으로 홍보할 필요가 있다. 행복주택이 모든 지역에서 환영받는 것이 아니라는 점에서 이러한 측면을 향후 면밀히 준비할 필요가 있다.

셋째는 주택도시기금에 의존하는 현재 자금조달구조로는 향후 서울리츠 자금을 지속적으로 조달하기는 어려울 수 있다는 점이다. 현재는 초기단계이고, 많은 자금이 투입되지 않았기 때문에 주택도시기금이 쉽게 출자나 융자가 이루어지지만, 향후 사업이 확대될 경우 기금 출자나 융자에 애로가 발생할 수 있다.

LH는 허브리츠를 통해 주택도시기금을 뉴스테이에 투자하면서 ABS를 발행하거나, 허브리츠 자체를 주식시장에 상장하는 방안을 추진하고 있다. 서울리츠도 장기적으로 채권발행, 상장을 통해 자금을 조달하고 기 출자자들이 투자지분을 회수할 수 있게 할 필요가 있다.

03
재정비리츠의 사업 구조 및 특성

재정비리츠의 사업 구조

추진목표 및 전략

서울시에서 추진하고 있는 서울형 임대주택 리츠의 대표적인 유형으로 재정비리츠가 있다. 재정비리츠는 서울도시정비리츠로도 불리는데 말 그대로 정비사업을 대상으로 하는 리츠를 말한다.

재정비리츠의 기본적인 투자 대상은 재개발, 재건축 등 정비사업이다. 한동안 소위 뉴타운 사업으로 대표되는 도시 재개발, 재건축의 붐을 타고 서울시 내에서 많은 지역에서 정비구역이 지정되고, 정비사업이 추진되어 왔다. 그러나 부동산 경기의 하락과 고비용 사업 구조로 인해, 우후죽순 생겨난 상당수의 정비사업은 사업을 진척시키지 못하고 현재 "오도 가도 못하는" 상황에 처해졌다.

뉴타운 등 정비사업의 추진이 중단되거나 어려워진 데는 그림 3-4에서 보는 바와 같은 메커니즘이 작용한다. 우선, 정비사업의 원가구조를 보면, 토지 및 건설비용 원가에 정상이윤을 더하고, 여기에 건설사가 미분양 리스크를 부담함에 따른 리스크 비용이 추가된다. 또한 여기에 그치지 않고 분양 성공을 위해 과도한 마케팅 비용을 지출한다든지, 정비조합을 방만하게 운영한다든지 하여, 상당한 낭비적 비용이 추가적

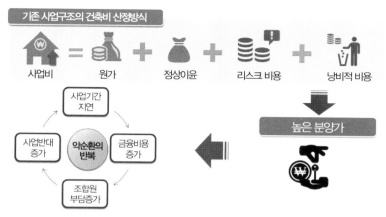

그림 3-4 정비사업의 사업비 구조와 악순환

출처 : 서울주택도시공사 내부자료

으로 포함된다. 이러한 낭비적 비용은 고스란히 사업비에 반영되어, 사업비가 과도하게 증가되는 문제가 발생한다.

사업비의 증가는 고스란히 분양가에 반영되어, 높은 분양가를 야기하게 된다. 분양가가 높아지면, 미분양이 발생할 우려가 높아지고, 조합원의 부담이 증가할 수밖에 없다. 조합원의 부담이 증가함에 따라 정비사업의 추진을 반대하는 의견이 증가하게 되고, 이러한 사업반대 증가로 인한 분쟁과 갈등으로 도시정비사업의 추진이 지연된다.

정비사업 추진이 지연되면 사업추진을 위해 선 조달한 자금에 대한 금융비용이 증가하고, 이러한 금융비용의 증가는 다시 사업비 증가를 통해 조합원 부담 증가로 이어지는 악순환을 가져오고, 결국 정비사업의 추진이 중단되는 문제를 야기한다. 이러한 악순환 구조는 그림 3-4에서 보는 바와 같다. 정비사업의 중단으로 정비구역 내에 거주하는 시민의 재산권이 제약되고 있으나, 지금까지 이미 집행한 사업비 즉, 매몰비용 문제로 해제도 힘든 실정이다. 즉, 정비사업이 오도 가도 못하는 처지에 처하게 된 것이다.

이에 서울시는 서울시 내에서 진행 중인 정비사업 구역 즉 뉴타운 사업구역을 A유형, B유형, C유형으로 나누어 관리하는 방안을 시행 중에 있다. A유형은 사업성이 있어 정상 추진이 되고 있는 정비구역으로, 서울시가 적절한 행정 및 재정지원을 할 경우 큰 무리 없이 사업이 추진·완료될 수 있다. 따라서 A유형의 정비구역은 공공의 개입이 크게 필요 없는 우량 사업구역이라 할 수 있다.

반면, C유형은 사업성이 극도로 좋지 않아, 사업의 추진이 사실상 곤란한 정비구역이다. C유형의 정비구역에 대해 서울시는 직권해제 등의 방법을 동원해 사업을 중도에 중단시키든지, 아니면 대안사업 등을 진행하여 사실상 정비사업을 중단하는 계획을 가지고 있다.

그런데 문제는 B유형의 정비구역이다. B유형의 정비구역은 사업성이 좋지 않거나, 조합원 간의 갈등과 분쟁으로 인해, 사업의 추진이 정체되어 있는 구역이다. B유형의 정비구역은 현재와 같은 고비용 구조로는 사업을 정상적으로 추진하기도 어렵고, 그렇다고 그동안 들어간 매몰비용 때문에 사업을 중도에 중단하기에는 조합원과 주민의 피해가 너무 큰 구역이다. 그야말로, 오도 가도 못하는 정비구역이라 할 수 있다.

2016년 7월 현재 서울시의 통계에 따르면, A유형의 정비구역은 약 150개, B유형의 정비구역은 약 130개, C유형의 정비구역은 약 47개로 파악하고 있다. 따라서 현재 가장 큰 문제가 되고 있는 B유형의 정비구역은 전체 정비구역의 약 40%에 달한다.

따라서 전체 정비구역의 약 40%에 달하는 오도 가도 못하는 B유형의 정비구역을 서울시가 그냥 방치하기에는 사회·경제적 손실과 부정

표 3-3 서울 뉴타운 ABC 관리 방안

구분	A유형	B유형	C유형
현 상황	정상 추진	정체	추진 곤란
구역 수	약 150개	약 130개	약 47개
관리방안	• 행·재정지원	• 진로결정 지원 • 재정비리츠	• 직권해제 • 대안사업 등

적 여파가 너무 크다고 하겠다. 이들 사업 진행이 정체된 정비구역은 우선 사업의 불투명성으로 인해, 향후 사업의 방향 예측이 불확실하여 주민 간 갈등이 증폭되고 있다. 또한, 정체된 정비구역으로 남아 있다 보니, 정비구역의 슬럼화도 빠르게 진행되고 있다. 실제로, 정체된 정비구역 내 안전 등급 D, E등급의 건축물 중 상당수가 붕괴 위험에 처해 있어, 어떠한 방향으로든 사업추진의 방향이 결정되어야 하는 시점이다.

　이에 서울시와 공공부문은 서울시 내의 정체된 정비구역의 효과적인 관리와 사업추진을 위해 적극적인 개입이 필요한 실정이다. 즉, 어떠한 방향으로든 정체된 정비구역의 사업 진로방향이 결정되도록 지원해 사업정체로 인한 사회·경제적 파장을 최소할 필요가 있다.

　그런데 이러한 서울시의 정책 방향에서 염두에 두어야 할 것은 현재 주거시장의 변화 방향을 적극적으로 수용한 정책이어야 한다는 점이다. 여기에는 과거와 같이 중·장기적인 부동산 급등 시대가 종말을 맞이함에 따라 자본이득 위주의 사업추진 방식은 지양되어야 한다는 점, 저금리의 장기화에 따라 주거 임대차시장이 전세시장에서 월세시장으로 빠르게 전환됨에 따라 월세 임대주택 공급의 확대가 필요하다는 점, 그리고 중앙정부가 뉴스테이 등 기업형 임대주택 지원 정책을 대대적으로 실시하고 있어, 이러한 정책 방향을 감안해야 한다는 점 등을 들 수

그림 3-5 서울시의 정비사업 개입의 필요성

정체 구역 해법 필요	사업장 정비 시급	환경 변화 대응
사업 진행이 정체된 구역에 대한 해법이 필요	안전 등급 D·E중 붕괴 위험이 큰 사업장의 정비가 시급	정비사업 및 주거시장의 환경변화에 대응
✓사업성 부족 ✓사업의 불투명성이 높아 예측 곤란 ✓주민 갈등과 도시 슬럼화의 가능성		✓과거와 같은 중장기적 부동산급등 시대의 종말 ✓월세시장으로의 빠른 전환과 정부의 기업형임대주택 지원 정책

공공의 역할이 필요한 정비구역에 대한 정상화 방안이 필요

출처 : 서울주택도시공사 내부자료

있다.

　그런데 이러한 정비사업 개입을 위한 정책 방향 수립에서 감안해야 할 점은 정책을 추진하는 주체인 서울시와 서울주택도시공사의 재정여건 등을 충분히 고려해야 한다는 것이다. 우선, 서울시는 각종 현안 사업과 복지사업 등에 들어가는 재정지출 규모가 크기 때문에, 정비사업에 서울시의 재정을 본격적으로 투입하기가 어려운 실정이다. 실제로 서울시가 기존에 추진하던 임대주택 8만 호 건설을 위한 재원 마련도 버거운 형편이다. 따라서 서울시가 정비사업에 개입하기 위해 추가적으로 재정자금을 투입하는 것은 사실상 어렵다고 하겠다.

　또한, 서울시의 정비사업을 실질적으로 추진하는 기관인 서울주택도시공사도 회사의 재무구조상 정비사업에 대규모의 자금을 투입하기에는 한계가 있는 실정이다. 서울주택도시공사의 재무제표를 보면, 대규모의 자금을 동원하기 위해서는 회사가 보유한 토지 등의 고정자산을 매각하든지 유동화를 해야 하는데, 이 역시 부동산 경기 침체로 만만치 않은 실정이다. 또한, 서울주택도시공사는 기존의 사업영역이 포화됨에 따라 새로운 수익사업 발굴이 절실한 실정이다. 즉, 지금과 같은 공공 임대주택 공급은 지속하되, 시중 민간자금을 활용하거나, 다양한 임대주택을 공급할 수 있는 방안이 필요한 것이다.

이러한 상황을 총체적으로 감안하여, 오도 가도 못하는 재정비 사업의 관리방안으로 유력하게 등장한 것이 바로 재정비리츠를 활용하는 방안이다. 재정비리츠의 최우선적인 도입 목적은 정비사업의 근본적인 문제점인 고비용 구조를 저비용 구조로 전환시키고 일반분양 리스크를 재정비리츠가 입도선매 방식으로 해소하여, 정체된 정비사업을 정상화시키려는 것이다. 즉, 가칭 재정비 리츠를 통해 기존의 정비사업에서 '조합＋건설사'가 주도하는 사업구조를 '조합＋서울주택도시공사＋재무적 투자자'가 주도하는 사업구조로 전환하여, 고비용 사업구조를 저비용 사업구조로 전환시켜, 정체된 정비 사업을 다시 추진하고자 하는 방안이다.

그림 3-6은 재정비리츠의 도입 필요성을 나타낸 것이다. 앞서 살펴본 바와 같이 재개발, 재건축 등 정비사업의 추진에서 가장 큰 문제점이 고비용 구조로 인한 사업성 부족인데, 이러한 고비용 구조를 유발하는 중요한 요인이 리스크 비용과 낭비적 비용이다. 리스크 비용은 건설사가 리스크를 부담함에 따른 대가로 부과하는 비용인데, 서울주택도시공사가 재정비리츠를 설립하여 일반분양분을 사전에 입도선매할 경우, 건설사는 미분양 리스크를 부담할 필요가 없어, 리스크 비용만큼 사업비를 줄일 수 있다.

정비조합 운영과정에서 발생하는 낭비적 비용 역시 서울주택도시

그림 3-6 재정비리츠의 도입 필요성

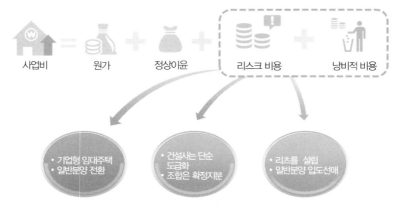

사업비   원가   정상이윤   리스크 비용   낭비적 비용

- 기업형 임대주택
- 일반분양 전환

- 건설사는 단순 도급화
- 조합은 확정지분

- 리츠를 설립
- 일반분양 입도선매

출처 : 서울주택도시공사 내부자료

공사가 재정비리츠방식으로 정비사업에 공동사업자로 참여하여 사업의 투명성을 높이고, 일반분양분을 입도선매하므로 각종 마케팅 비용 등을 줄일 수 있어 획기적으로 줄일 수 있는 것이다. 이렇게 줄어든 사업비는 고스란히 사업성 개선으로 나타나, 정체된 정비사업이 다시 활성화되는 계기를 마련할 수 있다.

이와 함께 재정비리츠의 도입의 또 하나의 목적은 재정비리츠를 통해 매입한 일반분양분 주택을 활용하여, 중산층 등 중위소득자들에게 8년 이상 안정적으로 주거할 수 있는 임대주택으로 공급하려는 것이다. 또한 이를 통해 동시에 시중 유동자금을 건전한 부동산 투자로 유인하려는 목적도 아울러 가지고 있다.

사업구조

앞서 설명한 바와 같이, 재정비리츠는 사업이 정체된 B유형의 정비구역

서울리츠 2030신주거전략

을 주 타켓으로, 정체된 정비사업을 정상화하는 시키려는 목적으로 도입되었다. 기존의 고비용 구조를 가진 '조합＋건설사' 주도의 사업구조를 '조합＋서울주택도시공사＋재무적 투자자'가 주도하는 저비용 사업구조로 전환시켜, 정체된 정비 사업을 다시 정상화하려는 목적을 가지고 있는 것이다. 이러한 사업구조의 전환은 재정비 리츠를 통해 중단된 정비사업을 효과적으로 관리할 뿐만 아니라, 정비사업의 패러다임 전환을 도모하려는 목적도 아울러 내포하고 있다고 하겠다.

그림 3-7은 이러한 재정비리츠의 사업구조를 나타낸 것이다. 재정비리츠의 사업구조를 보면, 재정비리츠의 설립과 함께 정비사업의 사업주체가 기존의 '조합＋건설사'에서 '조합＋서울주택도시공사＋투자자'로 바뀌게 된다. 이를 체계적으로 살펴보면 다음과 같다.

첫째로, 서울주택도시공사의 주도하에 주택도시기금과 민간의 재무적 투자자들이 리츠를 설립한다. 재무적 투자자에는 금융기관과 연기금 등과 같은 기관투자가들이 포함될 수 있으며, 리츠 주식을 공모할 경우 개인 투자자들까지 포괄할 수 있다.

둘째로, 재정비리츠가 정비사업에 참여하면서, 서울주택도시공사는 정비사업 조합과 공동사업 시행자로 역할을 하게 된다. 이를 통해 사업계획서 작성, 관리처분 계획, 각종 인ㆍ허가, 공사 감독, 청산총회 주관 등을 서울주택도시공사는 정비사업 조합과 공동으로 진행한다. 서울주택도시공사가 공동 사업자로 역할을 하면 정비사업의 진행이 보다 효율적이고 투명해질 수 있으며, 이를 통해 낭비적 비용을 줄일 수 있는 효과가 발생한다.

셋째로, 재정비리츠는 사업 착수 전에 조합으로부터 조합원 주택과 재개발 공공 임대주택을 제외한 일반분양분 전체를 입도선매한다. 입도선매한 일반분양분의 가격은 주변시세의 85～90% 정도로 책정한다.

그림 3-7 재정비리츠의 사업구조

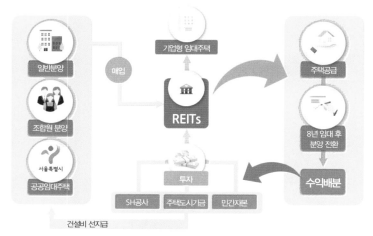

출처 : 서울주택도시공사 내부자료

조합 입장에서는 재정비 리츠가 일반분양분을 모두 떠안아 분양 리스크를 줄일 수 있고, 무엇보다도 정비사업을 정상화시킬 수 있다는 점에서, 조합원들에게 설득 가능한 수준으로 파악된다.

넷째로, 이와 동시에 조합원분 주택과 재개발 공공 임대주택의 가격을 사전에 확정하고, 또한 조합원 분담금도 사전에 확정한다. 여기서, 조합원분은 주변시세의 90% 정도로 책정한다. 그리고 재개발 공공 임대주택의 가격은 법령에 따른 가격을 책정한다. 이를 통해 정비사업이 투명하고 예측 가능해진다.

다섯째로, 건설회사는 단순 도급을 받는 시공사로서만 역할을 하도록 하는데, 이에 따라 건설회사는 시공이윤만 챙긴다. 기존의 정비사업 구조에서는 시공사가 실질적인 디벨로퍼 역할을 하면서 시행이윤과 시공이윤을 동시에 가져갔는데, 이러한 구조는 시공사가 분양 리스크를

표 3-4 재정비리츠와 뉴스테이 간의 특성 비교

구분	재정비리츠(SH)	뉴스테이(LH)
자금조달 주체	리츠	리츠
토지공급 방식	토지 임차	토지 매입
사업주체	• 서울주택도시공사 • 주택도시기금 • 기관투자가 • 시민(향후 검토)	• 건설사 • 주택도시기금 • 기관투자가
배당구조	임대형(운영수익)	분양형(매각차익)
운영기간	단기, 최대8년	단기, 최대8년
임대료	주변시세 70 ~ 80%	주변시세 대비 제약 없음
투자자	서울주택도시공사 + 도시주택공사 + 기관투자자	건설사 + 주택도시기금 + 기관투자자
기금융자 지원	공사 선택가능	가능
보조금 지원	공사 선택가능	없음
주택도시보증공사 보증여부	주택도시보증공사 보증	주택도시보증공사 보증
감가상각	감가상각비용 미발생	감가상각비용 미발생
부채	부채증가 없음	부채증가 없음

출처 : 서울주택도시공사 내부자료

분양금액에 반영하는 등 고비용 사업구조의 중요한 원인이 되어 왔다. 따라서 사업비 절감 차원에서 시공사는 단순도급계약을 통해 시공이윤만 가져갈 수 있도록 하는 것이다. 이 과정에서 재정비리츠는 건설비를 선지급할 수도 있다.

여섯째로, 재정비리츠는 입도선매한 일반분양분 주택을 준공후 임대주택으로 운용한다. 운용기간은 뉴스테이와 마찬가지로 8년이며, 8년 후에는 분양 전환, 매각 등을 통해 청산에 들어간다. 따라서 재정비리츠는 뉴스테이와 마찬가지로 기업형 임대주택이면서 8년짜리 기한부 리츠로 운용된다고 하겠다.

　표 3-4는 재정비리츠와 뉴스테이 간의 특성을 비교한 것이다. 국토부에서 추진 중인 뉴스테이는 국토부의 중산층 주거안정대책의 일환으로 세입자가 8년 이상 거주할 수 있고 임대료 인상률을 연 5% 미만으로 하는 기업형 임대주택 리츠다.

　재정비 리츠는 8년 기한의 기한부 리츠이고, 분양을 통해 청산한다는 점에서 뉴스테이와 매우 흡사하다. 실제로 재정비 리츠의 기본 구조가 뉴스테이 제도를 일정 부분 활용한 것이라고 할 수 있다. 그렇지만, 공공기관인 서울주택도시공사가 사업주체로 나서고, 정비사업을 통해 뉴스테이의 공급뿐만 아니라 임대료를 주변시세의 70~80%로 책정하는 준공공 임대주택을 공급한다는 점에서는 뉴스테이와는 차이가 있다.[33]

　서울시와 서울주택도시공사가 추진하는 재정비리츠가 정비사업의 관리에 뉴스테이 제도를 일정 부분 차용한 것이라면, 국토부에서는 반대로 뉴스테이 제도의 활성화를 꾀하고 정비사업을 지원하기 위해, 서울시의 재정비리츠 콘셉트를 차용한 뉴스테이 연계형 정비사업을 발표한 바 있다.

　국토부의 뉴스테이 연계형 정비사업이란 뉴스테이를 통해 정비사업을 지원하고 기업형 임대주택 공급을 확대하려는 정책을 말한다. 그림 3-8은 정비사업 연계형 뉴스테이의 구조를 나타낸 것이다. 정비사업 연계형 뉴스테이의 구조를 보면, 조합이 일반분양 물량을 시세보다 저

---

33) 뉴스테이는 건설회사나 기관투자가 등 민간 부문이 사업주체로 나서고, 공급되는 임대주택도 시장 임대료를 받는 중대형 위주의 임대주택이라는 점에서 재정비리츠와는 차이가 있다.

그림 3-8 정비사업 연계형 뉴스테이의 구조

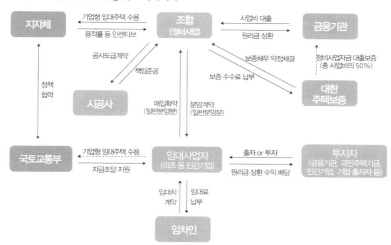

출처 : 국토교통부 보도자료.

렴한 가격으로 임대사업자(뉴스테이)에게 매각하면, 지자체는 정체된 정비사업 촉진을 위해 용적률을 상향하여 사업성을 제고하고, 국토부는 주택도시기금 출자 등을 통해 뉴스테이 설립을 지원하는 방식이다.

구체적으로 보면, 국토부는 구체적으로 정비사업을 통한 전체 세대 수의 20% 이상을 뉴스테이로 공급할 경우, 복합적인 개발을 허용하고 용도지역 상향의 인센티브를 제공하도록 하였다. 또한, 주거환경개선 사업 구역에서 기업형 임대주택을 200세대 이상 공급하는 경우 용적률을 현재 300%에서 최대 500%까지 올릴 수 있도록 하였다.

따라서 서울시의 재정비 리츠와 국토부의 뉴스테이 연계형 정비사업은 일정 부분 차이는 있지만, 크게는 정비사업에 대한 뉴스테이 지원 정책과 재정비리츠를 결합한다는 점에서 제도의 수렴이 이루어지고 있

다고 하겠다. 따라서 재정비리츠도 뉴스테이 제도를 적극 활용하면 뉴
스테이를 통한 용적률 혜택과 리츠를 통한 비용절감 효과를 동시에 누
릴 수 있을 것으로 기대된다.

자금조달 구조

앞서 언급한 바와 같이, 재정비 리츠를 통해서 사업주체가 '조합＋건설
사' 주도에서 '조합＋서울주택도시공사＋재무적 투자자' 주도로 전환
하게 된다. 이러한 사업주체의 전환은 당연히 재정비리츠의 자금조달
구조에 영향을 미치게 된다.

즉, 기존의 정비사업에서는 건설사가 실질적으로 디벨로퍼 역할을
하면서 사업기간 동안의 자금을 조달하는 역할을 담당해 왔다. 하지만
그림 3-9에서 보는 바와 같이 재정비리츠를 통한 정비사업에서는 재정
비리츠의 투자자가 실질적인 자금조달 주체가 된다. 이러한 재정비리
츠의 주요 투자자로는 우선 정비사업의 공동 사업자로 역할을 하는 서
울주택도시공사가 참여하게 되며 여기에 주택도시기금, 연기금 등의
기관투자가들이 재무적 투자자로 참여하게 된다.

재정비리츠의 설립에서 서울시와 서울주택도시공사가 구상하고
있는 표준적인 투자자 구성(안)을 보면, 우선 서울주택도시공사 20%,
주택도시기금 50%, 기관투자가 30%로 나타난다. 여기서 서울주택도시
공사는 보통주 주주로, 주택도시기금과 기관투자자는 우선주 주주로
참여한다. 우선주 투자자들은 고정적인 배당수입을 보통주 투자자들보
다 우선적으로 배당받게 된다. 반면, 재정비리츠청산을 통해 자본이득
이 발생할 경우, 보통주 투자자들이 우선주 투자자들보다 자본이득을
더 많이 배당받는 구조로 되어 있다.

주택도시기금과 기관투자가가 우선주 주주로 참여한다는 것은 이

그림 3-9 재정비리츠의 자금조달 구조

출처 : 서울주택도시공사 내부자료

들 투자자들이 재정비리츠의 운영보다는 고정적인 배당수입에 관심이 있다는 의미인데, 이는 이들 투자자들이 재무적 투자자로 참여한다는 의미다. 따라서 우선주 주주들은 안정적인 배당수익을 위주로 하는 저위험-저수익 투자자의 특징을 가지고 있다. 반면, 서울주택도시공사는 보통주 투자자로서 재정비 리츠의 투자와 운영을 동시에 담당하는 전략적 투자자로 참여하게 되는 것이다. 서울주택도시공사가 보통주 투자자로서 배당수입에서는 불리한 구조를 자본이득 배당에서는 유리한 구조를 가지는 것은, 서울주택도시공사가 투자와 경영 책임을 맡은 전략적 투자자의 지위를 가지고 있기 때문이다.

재정비 리츠에서 서울주택도시공사의 역할

재정비리츠방식의 사업구조에서 서울주택도시공사의 역할은 다른 어떤 사업보다도 매우 중요하면서도 주도적이고 복합적인 역할을 담당하고 있다. 이러한 서울주택도시공사의 역할을 보면 다음과 같다.

첫째, 서울주택도시공사는 조합과 함께 정비사업의 공동사업자로 참여한다. 서울주택도시공사가 공동사업자로 참여한다는 의미는 정비사업을 관리하는 주체로서, 정비사업의 수익과 리스크를 함께 부담한다는 의미다. 또한 서울주택도시공사는 조합과 공동사업자로 참여하기 때문에, 오케스트라의 지휘자처럼 공동사업자인 조합과의 갈등관리가 매우 중요하다고 하겠다. 따라서 서울주택도시공사는 갈등관리 전문기관 역할도 기대된다.

둘째, 서울주택도시공사는 재정비리츠의 대주주로 참여한다. 서울주택도시공사는 다른 재무적 투자자와 달리 보통주 주주로서 재정비리츠의 스폰서이자 전략적 투자자 역할을 담당한다. 서울주택도시공사가 재정비리츠의 전략적 투자자로서 역할 한다는 의미는 서울주택도시공사가 재정비리츠의 자금조달에 대한 책임은 물론 투자 및 임대차 관리·운영 등 경영 전반에 책임을 부담한다는 것이다. 따라서 서울주택도시공사는 재정비리츠의 설립과 운영에서 주도적인 역할을 한다.

셋째, 서울주택도시공사는 재정비 리츠의 위탁자산을 관리하는 자산관리회사(AMC: asset management company)로서 참여한다. 재정비 리츠는 기본적으로 위탁관리 리츠 형태로 설립되기 때문에, 보유자산의 운영은 외부의 전문 자산관리회사에 위탁해야 한다. 여기에 재정비 리츠의 경영을 책임지는 전략적 투자자로서 서울주택도시공사는 위탁관리를 맡은 자산관리회사의 선임권을 가지고 있기 때문에, 서울주택도시공사가 재정비리츠의 자산관리회사로서 참여하는 구조를 가지게 될 것이다.

이러한 위탁관리를 맡는 자산관리회는 서울주택도시공사가 자회사를 설립하여 운영하게 될 것으로 보인다. 그런데 재정비리츠의 경우, 정비사업의 일반분양분만을 준공공 임대주택으로 운영하기 때문에, 경우에 따라서는 리츠가 준공공 임대주택만을 별도로 분리하여 관리하는 구조를 가지기가 어렵다. 따라서 서울주택도시공사의 자산관리회사는 준공공 임대주택이 포함된 아파트 단지 전체를 관리하는 구조를 가지게 될 수 있는데, 이러한 경우 서울주택도시공사의 자산관리회사는 재정비리츠 보유자산만이 아닌 정비구역 내 아파트 단지의 관리회사로서 역할을 수행할 수도 있을 것이다.

재정비리츠의 특징 및 효과

특징
재정비리츠는 서울시와 서울주택도시공사가 추진하고 있는 서울형 리츠의 대표적인 유형으로서, 정비사업의 재개를 위해 리츠 방식을 활용한 복합적이고 독특한 사업구조를 가지고 있다. 이러한 의미에서 재정비리츠가 리츠로서 가지고 있는 특징, 그리고 재정비리츠의 사업구조가 가지고 있는 특징을 살펴보면 다음과 같다.

첫째, 재정비리츠는 청산을 전제로 한 기한부 리츠라는 점에서 기본적으로 뉴스테이 구조를 가지고 있다. 즉, 8년 기한의 기한부 리츠이고 8년 후 재분양을 통해 리츠를 청산한다는 점에서 재정비리츠는 뉴스테이와 매우 유사한 특성을 가지고 있다. 하지만 공공기관인 서울주택도시공사가 사업주체로 나서고 준공공 임대주택을 공급한다는 점에서는 민간 주도의 기업형 임대주택을 지향하는 뉴스테이와는 차이가 있다.

재정비리츠나 뉴스테이 모두 기한부 리츠를 채택한다는 것은 이들 정책의 초점이 리츠의 활성화에 있기보다는 재정비 활성화, 임대주택 공급 활성화 등 다른 우선적인 정책목표를 달성하기 위해 리츠를 활용하려는 측면이 강하다는 점을 반영한다. 이는 재정비리츠는 8년 후에 청산에 들어가기 때문에 청산 시 리츠가 운영하는 임대주택을 개인에게 분양할 경우, 리츠산업 규모는 다시 원위치로 줄어들기 때문이다. 따라서 재정비리츠는 리츠 산업의 활성화 보다는 정비사업의 정상화라는 우선적인 정책목표를 가진 사업구조라 할 수 있다.

둘째, 재정비리츠는 위탁관리 리츠로서 보유 자산의 운영을 위한 외부의 위탁전문 자산관리회사를 활용해야 한다는 점이다. 이러한 구조에서 서울주택도시공사는 재정비리츠의 경영을 책임지는 전략적 투자자로서 역할을 하기 때문에 서울주택도시공사에게는 재정비리츠의 투자자로서는 물론 자산관리회사로서 참여하는 복합적인 역할이 요구된다. 따라서 재정비리츠의 성공적인 운영을 위해서 서울주택도시공사는 전문적인 자산관리회사를 설립, 육성해야 한다는 과제도 안고 있다.

셋째, 재정비리츠방식에서는 리츠와 정비사업이라는 복합적인 구조를 활용하기 때문에 리츠와 직접 혹은 간접적으로 다양한 이해관계자가 참여하는 구조를 가지고 있다는 점이다. 서울주택도시공사는 재정비리츠의 전략적 투자자의 역할을 담당할 뿐만 아니라 정비사업의 공동사업 시행자의 역할을 복합적으로 담당한다. 정비사업에 공공부문인 서울주택도시공사가 공동 사업자로 참여할 경우 그림 3-10에서 보는 바와 같이 정비사업의 투명성을 제고시킬 수 있는 장점이 있다.

한편, 재정비리츠는 이러한 복합적인 구조로 인해 조합과 공동 사업 시행자 역할을 하면서 조합, 시공사, 투자자 등 이해당사자와 첨예한 이해관계를 조정해야 하는 과제를 안고 있다. 정비사업과 관련해서는 이해당사자들이 워낙 많고, 합치된 의견을 수렴하기가 매우 어렵기 때문에, 서울주택도시공사는 이러한 갈등을 효과적으로 관리하는 능력이 필요하다.

넷째로, 재정비리츠는 정기적인 임대료 수입과 자본이득을 동시에 수취 가능한 구조를 가지고 있다는 점이다. 재정비리츠는 일반분양분

그림 3-10 재정비리츠의 복합적 구조와 특징

일반분양분 입도선매

건설사 단순 도급
공사비 10% 절감

확정 지분제
분담금 및 조합원
분양가 사전 확정

투명성 확보

개발이익의
공유화

출처 : 서울주택도시공사 내부자료

을 준공공 임대주택으로 운영하여 정기적인 임대료 수입을 수취할 수 있고, 정비사업 과정에서 발생하는 개발이익을 조합과 공유함에 따라 청산을 통한 시세차익을 얻을 수 있다.

다섯째, 재정비리츠는 공공성과 사업성의 적절한 조화가 필요하다는 점이다. 재정비리츠는 조합으로부터 입도선매한 일반분양분을 준공공 임대주택으로 공급하는 구조를 가지고 있다. 여기서 준공공이라는 의미는 공공성과 사업성을 동시에 적절하게 고려하겠다는 의미를 가지고 있다. 즉, 재정비리츠는 공공주도의 공공성을 우선하는 서울리츠와 민간주도의 사업성을 우선하는 뉴스테이의 중간 정도의 포지셔닝을 차지하고 있다.

이러한 준공공성의 특징은 공공성과 사업성을 조화시킨다는 점에서 장점으로 작용할 수도 있지만, 자칫 잘못하면 공공성과 사업성 양 측면에서 모두 공격받을 소지가 크다. 이러한 의미에서 재정비리츠의 복합적 구조와 준공공성은 장점이 될 수도 있지만, 단점이 될 소지도 크다고 하겠다.

효과

재정비리츠는 리츠와 정비사업을 연결한 복합적인 구조를 가지고 있으며, 공공성과 사업성을 조화시키려는 목적을 가지고 있기 때문에, 이를 통해 다양한 효과를 기대할 수 있다. 우선, 재정비리츠방식이 재정비리츠의 이해당사자들에게 미치는 기대효과를 살펴보면 그림 3-11과 같다.

첫째, 정비사업을 진행하는 조합원, 즉 지역주민의 입장에서는 재정비리츠를 통해 사업비를 경감할 수 있어, 분담금이 줄어드는 효과가 기대된다. 재정비리츠를 통해 절감할 수 있는 사업비에는 건축비, 설계, 감리비, 모델하우스 운영 및 분양 광고·홍보비 등 각종 마케팅 비용, 분양보증 수수료, 보존등기비, 금융비용 등이 있다. 특히 재정비리츠가 분양 리스크를 부담하기 때문에, 건축비와 마케팅 비용은 획기적으로 줄일 수 있다.

조합원 입장에서는 아울러 재정비리츠방식을 통해 예측 가능한 정비사업추진을 기대할 수 있는 효과가 있다. 재정비리츠방식을 활용할 경우, 조합원의 입장에서는 분양 리스크가 없어 준공일자 등이 확정되며, 사업 착수 전에 분양 물량의 조합원분, 서울시 매입분, 리츠 매입분이 명확히 확정되며, 이에 따라 분담금도 사전에 확정되기 때문에, 사업의 투명성이 높아지고 사업의 예측 가능성도 제고되는 기대효과를 누릴 수 있는 것이다.

둘째, 재무적 투자자의 입장에서는 재정비리츠를 통해 안정적인 투

그림 3-11 재정비리츠가 이해당사자에게 미치는 효과

출처 : 서울주택도시공사 내부자료

자 수익을 누릴 수 있는 투자상품을 확보하는 효과가 기대된다. 재정비리츠의 자금조달 구조를 보면, 재무적 투자자들은 우선주 주주로 참여하게 되는데, 이들 우선주 주주들에게는 확정적인 배당수익이 보장된다. 현재와 같은 장기적인 저금리 금융환경에서는 재정비리츠투자가 매력적인 투자상품이 될 수 있는 것이다.

셋째, 서울주택도시공사의 입장에서는 서울시의 도시개발 및 정비를 책임지는 공공기관으로서, 재정비리츠방식을 통해 정체된 정비사업의 문제를 해결할 수 있을 뿐만 아니라, 준공공 임대주택을 공급할 수 있다는 점에서 일거양득의 효과가 기대된다. 이와 함께, 서울주택도시공사가 재정비리츠의 자산관리를 담당함에 따라 자산관리 수수료(asset management fee)와 부동산관리 수수료(property management fee)

수입을 수취할 수 있다. 이러한 수수료 수입으로 서울주택도시공사의 입장에서는 새로운 수익모델을 발굴하는 효과도 기대할 수 있다.

넷째, 서울시 입장에서는 낙후된 도시구조의 개선이라는 효과가 기대된다. 중단되거나 정체된 정비사업으로 인해 정비구역이 슬럼화되고 지역의 낙후도가 가속화되는 점은 앞서 여러 번 언급한 바 있다. 따라서 서울시는 도시관리의 최종적인 책임자로서 오도 가도 못하는 정비사업의 출구전략을 마련하는 것이 시급한 과제임에 틀림없다. 이러한 측면에서 재정비리츠방식은 정비사업의 출구전략으로서 유력한 대안이 될 수 있는 것이다.

다섯째, 시공사의 입장에서는 리스크 없는 단순 도급계약을 통해 안정적인 자금흐름을 가질 수 있는 효과가 기대된다. 물론 시공사의 역할이 도급계약에 한정되어 있기 때문에 시공사가 정비사업의 주체로서 개발이익을 누릴 수 있는 기회는 상실되지만 시공사가 미분양 리스크를 부담하지 않음으로 인해 누릴 수 있는 효과가 더 클 것으로 기대된다.

지금까지 재정비리츠가 이해당사자들에게 미치는 기대효과를 살펴보았는데, 이러한 기대효과는 단지 직접적인 이해당사자들뿐만 아니라 사회·경제 전반에도 다양하게 나타날 수 있다. 그림 3-12는 재정비리츠의 사회·경제적 기대 효과를 나타낸 것인데, 이를 구체적으로 살펴보면 다음과 같다.

첫째, 재정비리츠방식을 통해 정비사업 추진의 예측 가능성이 높아지는 효과가 기대된다. 앞서 살펴본 바와 같이 재정비리츠방식을 통해 조합원 분담금이 줄어들 수 있고, 사업 추진구조의 예측 가능성이 높아지기 때문에 재정비리츠가 정체된 정비사업의 출구전략으로서의 역할을 할 수 있는 것이다.

둘째, 재정비리츠방식을 통해 준공공 임대주택을 공급하는 효과가

그림 3-12 재정비리츠의 사회·경제적 기대 효과

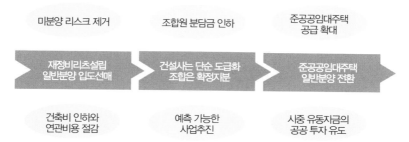

출처 : 서울주택도시공사 내부자료

기대된다. 재정비리츠방식에 따르면 재정비리츠가 입도선매한 일반분양분은 준공공 임대주택으로 운영되기 때문에, 재정비리츠는 준공공임대주택의 공급이라는 직접적인 효과를 기대할 수 있다. 특히 서울시는 재정 한계 때문에 임대주택의 건설 실적이 목표치에 훨씬 미달하고 있는데, 재정비리츠는 서울시의 재정이 크게 들어가지 않더라도 준공공 임대주택을 공급할 수 있는 것이다.

셋째, 재정비리츠를 통해 시중의 유동자금을 공공사업에 투자하도록 유도하는 효과가 기대된다. 앞서 살펴본 바와 같이 재정비리츠의 재무적 투자자들에게는 확정적인 배당수익이 보장되는 만큼, 기관투자자들에게는 재정비리츠투자가 매력적인 투자상품이 될 수 있다. 따라서 재정비리츠는 시중의 유동자금을 정비사업에 끌어들이는 통로가 될 수 있다.

재정비리츠의 현황과 전망

현황과 문제점

아직까지 재정비리츠가 설립되어 사업이 추진되고 있는 사례가 나타나지는 않고 있다.

서울시와 서울주택도시공사는 재정비리츠방식을 통해 향후 30개 사업장에 약 1만 호의 임대주택을 공급하는 것을 목표로 하고 있지만 현재의 사업추진 과정을 보면 목표 달성이 순탄하지 않을 것으로 보인다. 비록 초기이지만 재정비리츠방식의 사업추진 속도가 더딘 것은 다음과 같은 문제점이 있기 때문으로 판단된다.

첫째, 무엇보다도 재정비리츠방식에는 너무도 다양하고 많은 이해당사자들이 참여하게 됨에 따라, 이들을 모두 만족시킬 수 있는 합의에 이르기가 상당히 어렵다는 문제점이 있다. 재정비리츠방식에서는 서울주택도시공사가 조합과 공동사업 시행자로서 역할을 하면서 조합, 시공사 등 이해당사자와 첨예한 이해관계를 조정해야 하는데 정비사업과 관련한 이해관계는 워낙 첨예한 제로섬게임의 양상을 보일 때가 많고, 이해당사자들도 워낙 많기 때문에 공통된 의견을 수렴하기가 매우 어렵다.

또한 재정비리츠의 주 대상이 되는 B유형의 정비구역은 상당수 정비구역이 장기간 사업이 정체되는 과정에서 이미 조합과 시공사 간, 조합원 간 갈등이 노정된 상태에 있다. 여기에 서울주택도시공사가 재정비리츠방식을 통해 새로운 이해당사자로 등장하면서 이해당사자 간의 이해관계가 더욱더 복잡해질 수가 있는 것이다.

둘째, 재정비리츠방식은 지금까지 경험하지 못한 새로운 방식을 도입한 만큼, 조합원 등 이해당사자들이 재정비리츠의 구조를 정확하게 이해하지 못한 데 따른 문제가 발생할 소지가 있다. 예를 들면 재정비리츠는 조합의 일반분양분을 시가보다 저렴하게 입도선매하는데, 조합원들이 눈에 보이지 않은 리스크는 무시하고 눈에 보이는 할인분양에만 민감하게 반응하는 경우, 서울주택도시공사에 대한 특혜시비 등 갈등을 일으킬 소지가 크다. 특히 향후 부동산 경기가 주기적으로 상승-하강을 반복할 것으로 예상되는 만큼 사후에도 이러한 갈등이 주기적으로 발생할 소지가 있다.

셋째, 재정비리츠는 준공공성을 모토로 하여 공공성과 사업성이라는 두 마리 토끼를 잡는 것을 목표로 하지만 자칫 잘못하면 공공성과 사업성 양 측면에서 모두 공격을 받을 소지가 크다는 점이다. 즉, 준공공성의 특징은 공공성과 사업성을 조화시킨다는 점에서 장점으로 작용할 수도 있지만 어느 것도 제대로 구현하지 못한다는 단점으로 작용할 수 있다는 점이다.

예를 들면 재정비리츠는 준공공 임대주택을 공급하는데 서울주택도시공사의 공공성만을 강조하는 측에서는 공기업인 서울주택도시공사가 운영하는 임대주택의 임대료가 지나치게 높다는 비판을 할 소지가 있다. 반면 사업성을 위주로 하는 재무적 투자자의 입장에서는 임대주택의 임대료가 지나치게 낮다는 비판을 할 수 있다. 또한 인근지역 임대사업자들 역시 재정비리츠 임대주택의 임대료 수준에 대한 시비를 걸 수 있을 것이다. 따라서 서울주택도시공사가 재정비리츠의 공공성과 사업성에 대한 명확한 포지셔닝을 하지 않으면, 오도 가도 못하는 정비사업의 해결사로 나선 재정비리츠가 오도 가도 못할 처리에 놓일 우려가 있다.

넷째, 재정비리츠는 청산을 전제로 한 기한부 리츠이기 때문에 지속가능한 제도로 유지되기가 어렵다. 즉, 재정비리츠는 8년 기한의 기한부 리츠이고 8년 후 재분양을 통해 리츠를 청산하기 때문에 청산 이후에는 재정비리츠시장은 다시 원위치로 돌아갈 것이다. 따라서 재정비리츠방식이 활성화된다 하더라도 청산된 이후에는 재정비리츠가 사라지기 때문에, 리츠시장의 지속가능한 성장에 재정비리츠가 기여하지 못할 우려가 있다. 즉, 리츠 도입 초기에 활성화되다가 지금은 시장 규모가 많이 축소된 기업 구조조정 리츠와 유사한 전철을 밟을 우려가 있다.

전망과 과제

앞서 살펴본 바와 같이, 아직까지 재정비리츠의 설립은 물론 구체적인 성공사례가 나타나지 않고 있어, 재정비리츠가 설립되고 정비사업에 본격적으로 활용되는 사례가 나타나기 까지는 좀 더 시간이 걸릴 것으로 보인다. 더 나아가 재정비리츠가 결국 도상계획에만 그치고 실행 가능성이 없는 정책으로 끝날 우려가 있다는 전망도 나오는 실정이다.

하지만 서울시에는 출구전략이 필요한 B유형의 정비사업이 130개나 되고, 재정비리츠가 이러한 정체된 정비사업의 출구전략 대안이 될 수 있다는 점에서 재정비리츠가 활성화될 가능성도 충분히 존재한다고 하겠다. 특히 국토부도 재정비리츠방식과 유사한 뉴스테이 연계형 정비사업의 시행을 전국적으로 추진하고 있는 만큼, 서울시의 재정비리츠와 국토부의 정비사업 연계형 뉴스테이가 서로 상승작용을 하여 상생할 수 있는 시장을 형성할 가능성도 보인다.

이에, 재정비리츠의 활성화를 위해서는 앞서 언급한 재정비리츠의 문제점을 극복할 수 있는 방안들이 제시되어야 할 것이다. 이러한 맥락에서 재정비리츠의 활성화를 위한 과제를 제시하면 다음과 같다.

첫째, 재정비리츠방식에서 가장 큰 문제점으로 지적되는 이해당사자와 첨예한 이해관계를 조정하고, 갈등을 줄일 수 있는 방안들이 제시되어야 할 것이다. 특히 이해당사자들에게 재정비리츠방식에 대한 이해도를 높이고, 이해당사자 간의 위험-수익을 합리적으로 배분할 수 있는 방안을 찾아야 할 것이다.

둘째, 재정비리츠가 추구하는 준공공성의 개념을 명확히 하여, 공공성과 사업성을 적절하게 조화시키는 방안을 마련하는 것이 필요하다. 즉, 재정비리츠방식의 사업구조를 짜면서, 많은 사람들이 공감할 수 있는 공공성과 사업성의 영역을 적절하게 절충하는 방식을 찾아야 할 것이다.

셋째, 재정비리츠가 지속가능한 정책대안이 되고, 지속적인 리츠시장의 성장에 기여할 수 있는 방안이 필요하다. 이를 위해서는 재정비리츠의 청산과정에서 새로운 리츠시장이 지속적으로 이어질 수 있도록 하는 방안을 강구해야 할 것이다.

4부

서울형 임대주택 리츠의
발전 방향 및 정책 과제

01
국내 임대주택 리츠의 발전 방향 및 정책 과제

임대주택 리츠의 발전 방향

리츠시장의 성장전략으로서 영속형 리츠의 육성

2001년 리츠제도가 국내에 도입된 이후 리츠시장의 규모는 조금씩 성장하고 있으나, 그 규모는 미미하다. 2015년 12월 기준으로 리츠 전체의 자산규모는 17.6조 원으로 집계되는데, 이는 당초 예상한 시장 규모에 미치는 못한 성과로 판단된다. 그동안 리츠시장은 기업 구조조정, 미분양 주택 대책 등 정부의 정책적 드라이브가 있을 시에는 반짝 성장했다가 다시 원위치로 되돌아오기를 반복해 왔다.

　리츠시장의 성장이 둔화되는 가장 중요한 원인으로 지금까지 설립·운영되고 있는 리츠의 대부분이 기한부 리츠라는 점을 들 수 있다. 표 4-1에서 보는 바와 같이, 국내 리츠는 상장 리츠와 비상장 리츠 여부에 관계 없이, 대부분의 리츠가 6년 이내에 청산되는 기한부 구조를 가지고 있다.

　리츠제도의 도입 초기에 리츠 설립의 붐을 이루었던 기업 구조조정 리츠의 경우 제도적으로 기한부 리츠로만 운영할 수밖에 없었고, 이에 따라 설립된 오피스 리츠들은 1물 1리츠 형태로 운영됨에 따라 사실상 부동산펀드와 유사한 구조를 가지게 되었다. 이에 따라 이후에 설립

표 4-1 리츠 유형별 평균 존속기간

구분	1년 미만	1~2년	2~3년	3~4년	4~5년	5~6년	6년이상	계
상장리츠	-	0	2	1	6	2	1	12
비상장리츠	-	6	3	7	7	3	1	27
계	-	6	5	8	13	5	2	39

주 : 상장리츠 존속기간은 상장일부터 상장폐지일까지를 기준.
　　비상장리츠 존속기간은 영업인가일로부터 해산일까지를 기준.
출처 : 국토교통부, 2015, 리츠사업의 다각화 및 공모활성화 방안 연구.

된 대부분의 리츠는 설립과 운영이 간편한 기한부 리츠를 더 선호하게 되었고, 그 결과 리츠시장의 성장이 정체되는 한계를 보이고 있다고 하겠다.

지금까지 영속형 리츠의 설립이 부진한 이유 중에는 영속형 리츠의 설립이 기한부 리츠나 부동산펀드에 비해 복잡하고, 시간과 비용이 많이 들어가는 투자조직이라는 인식이 강하기 때문이다. 즉, 부동산펀드에 비해 실질적인 혜택은 거의 없으면서 시간과 비용만 들어가는 영속형 리츠를 리츠의 설립자들이 선호하지 않았다는 점이다. 여기에 리츠 투자자들도 리츠의 전문성이나 장기적인 역량을 중심으로 투자를 선택하기 보다는 단기적인 수익성 중심으로 투자하는 데 익숙했다는 점도 들 수 있다. 아울러 리츠 운영자 역시 지속적으로 부동산 포트폴리오의 투자 및 운영을 이어갈 만큼의 역량이 갖추어져 있지 않다는 점도 지적할 수 있다.

하지만 리츠가 지속가능하고 장기적인 성장 모멘텀을 유지하기 위해서는 영속형 리츠의 육성이 반드시 선행되어야 한다. 리츠가 영속형으로 운용될 경우, 안정적이고 지속적인 자산관리 운영을 통해 자산관리 노하우가 쌓이고, 이에 따라 리츠의 자산관리 효율성과 전문성이 제고되고, 그 결과 장기적으로 리츠의 수익성이 높아지고 시장 규모가 확대되는 선순환 구조를 가질 수 있다. 또한, 영속형 리츠는 투자자의 리츠에 대한 신뢰도를 높이기 위해서도, 리츠의 안정적인 운영을 도모하기 위해서도 필요하다.

앞서 미국의 임대주택 리츠 사례에서 보았듯이, 대부분의 리츠는 영속형 회사 형태로 운영되고 있으며, 이를 통해 자신의 자산관리 역량이 극대화되는 전문적인 분야에 투자와 운영을 집중시키고 있음을 확인한 바 있다. 따라서 영속형 리츠의 육성은 리츠의 지속가능한 성장을 위해서 반드시 선행되어야 한다.

이러한 맥락에서 임대주택 리츠도 영속형 리츠를 육성하기 위한 마스터플랜을 가지고 있어야 할 것이다. 이를 위해서는 시장 참여자들의 적극적인 참여도 필요하지만, 무엇보다도 정책 담당자들의 인식 전환이 필요하다. 실제로 국토부에서 추진하는 뉴스테이나 서울시와 서울주택도시공사에서 추진하는 재정비리츠는 모두 8년 만기의 기한부 리츠다. 이는 뉴스테이나 재정비리츠정책이 임대주택 확충이나 정비사업 정상화 등 당면한 문제를 해결하기 위한 대책으로서의 리츠 활용에 우선 순위가 있고, 리츠시장 자체의 육성에는 관심이 없었기 때문으로 보인다.

이런 의미에서 서울시와 서울주택도시공사에서 추진하는 서울리츠는 영속형 리츠 구조를 가지고 있다는 점에서, 지속가능한 리츠시장의 육성이라는 진일보한 정책 방향으로 판단된다. 따라서 이러한 영속형 임대주택 리츠 구조를 가지고 접근하는 정책적 시도가 많아져야 할 것이다. 이러한 맥락에서, 현재 추진 중인 뉴스테이나 재정비리츠도 청산 시 출구전략으로 영속형 임대주택 리츠를 활용하는 방안도 신중히 고려할 필요가 있다.

소액 투자자의 참여 증대를 위한 리츠의 상장 활성화

미국에서 1960년 리츠가 도입된 가장 중요한 목적이 소액 투자자의 부동산 투자기회를 확대하고자 하는 것이었다. 따라서 리츠는 공모로 주식을 상장해 소액 투자자들이 손쉽게 부동산 간접투자에 접근할 수 있게 하는 제도적 장치를 가지고 있다. 실제로 미국 리츠의 주식은 대부분 뉴욕 증권거래소 등에 상장되어 있다.

이에 미국의 리츠제도를 벤치마킹한 국내의 「부동산투자회사법」에서도 자기관리 리츠나 위탁관리 리츠의 경우 상장요건을 갖추면, 리츠 주식을 공모, 상장하도록 강제하고 있다. 따라서 상장을 통한 소액투자자의 부동산 투자기회 확대는 리츠제도 도입의 본연 취지에 맞는 정책 방향이라 할 수 있다.

그런데 현재 국내 리츠 현황을 보면, 리츠 상장 규모가 미미한 실정이다. 한국리츠협회의 자료에 따르면, 2015년 말 현재 상장 리츠는 1개에 불과하며, 자산규모는 1,026억 원으로 나타난다. 이는 전체 리츠의 0.6%에 해당하는 것으로, 사실상 상장 리츠는 유명무실한 형편이다.

소액 투자자에게 부동산 투자기회를 제공한다는 것이 리츠 본연의 취지임에도 국내에서 리츠의 상장이 부진한 것은 다음과 같은 요인을 들 수 있다.

첫째, 국내 리츠시장에서는 상장의 이점이 거의 없다는 점을 들 수 있다. 리츠가 공모를 통해 상장하면 사모 방식보다 시간과 비용이 훨씬 많이 들지만, 그에 따른 실질적인 혜택이 거의 없다는 점을 들 수 있다. 또한, 상장을 통한 실질적인 혜택은 없으면서 공모와 상장 리츠 유지를 위한 의무는 과중하다는 점도 리츠가 상장을 기피하는 요인이 된다.

그런데 리츠시장이 발달된 싱가포르나 홍콩은 리츠가 상장할 경우 법인세 감면 등 사모펀드와의 차별적인 세제 혜택을 부여하고 있지만,

표 4-2 상장리츠 현황(2015년 말 기준)

구분	리츠 수	자산규모	자산규모비율(%)
기업구조조정리츠	32	56,023	31.8
위탁관리 리츠	85	119,913	68.2
전체	117	175,936	100.0
상장 리츠	1	1,026	0.6

출처:한국리츠협회, 2016, KAREIT Report, REITs Journal, 19, 19 ~ 74.

국내에서는 그러한 혜택이 사실상 전무하다. 이에 따라 리츠의 설립자들은 금융기관, 연기금, 공제회 등 기관투자가를 중심으로 사모 리츠 방식으로 간편하게 리츠를 설립하고 있는 상황이다.

둘째, 최근 들어 리츠의 상장 기준이 강화되었다는 점도 상장 부진의 중요한 요인으로 들 수 있다. 2011년 상장 리츠의 금융사고 이후 한국거래소는 투자자 보호를 위해 리츠의 상장요건을 일괄적으로 강화하였는데, 이러한 상장요건 중에는 리츠의 근거법인「부동산투자회사법」과 상충되는 조항도 있어, 실질적으로 리츠의 상장이 어려워졌다는 점이다. 이에 따라 그나마 명맥을 유지하던 리츠의 상장이 상장규제가 강화된 이후 급감하였으며, 현재는 사실상 상장 리츠의 존재를 찾아볼 수 없는 상황에 이르게 된 것이다.

하지만 리츠의 상장은 소액 투자자의 부동산 투자기회 확대라는 본연의 제도 도입 취지를 살리기 위해서도, 리츠시장의 안정적인 성장을 위해서도 반드시 확대되어야 할 것으로 보인다. 리츠가 소수 기관투자가들의 그들만의 리그로 전락할 경우, 리츠는 투자상품으로서 인지도도 낮아질 뿐만 아니라 그나마 리츠에 주어진 혜택들도 차츰 사리질 우려[34]가 있는 것이다.

따라서 리츠의 상장 활성화를 위한 업계와 정책 당국의 다각적인 노력이 필요한 실정이다. 우선 리츠 운영자들은 비상장 리츠를 상장 리츠 전환하는 전략을 적극적으로 모색할 필요가 있다. 리츠 산업의 장기적인 성장을 위해서는 당장은 불편하지만 이러한 노력들이 의미 있을 것으로 판단된다.

또한, 정책 당국 역시 리츠의 상장을 활성화시키기 위해 규제를 완화하고 세제 혜택 등을 부여함과 동시에, 그에 따른 투명성 의무 강화 등의 투자자 보호장치를 강화해 리츠가 건전하게 성장할 수 있는 발판을 마련할 필요가 있다. 이는 일본, 싱가포르, 홍콩과 같은 아시아의 리츠 선진국에서 취하고 있는 전략이기도 하다.

임대주택 리츠의 대형화 전략 마련

앞서 살펴본 바와 같이, 국내 리츠들은 대부분 영속형보다는 기한부 리츠로 운영되고, 공모보다는 사모 방식으로 모집을 하고 있는데, 그 결과 국내 리츠의 평균 회사규모는 매우 영세한 수준에 머물고 있다. 표 4-2에서 보는 바와 같이 2015년 말 현재 1개 리츠의 평균 자산규모는 1,503억 원으로 나타나는데, 이는 일본이나 싱가포르 등 아시아 국가의 리츠 규모에 비해 현저하게 영세한 수준이다.

실제로 미국에서 2000년대 중반 이후 리츠 시장이 재도약한 요인 중 가장 중요한 것은 리츠가 M&A 등의 구조혁신을 통해 대형화에 성공했기 때문으로 볼 수 있다. 특히, 2008년 글로벌 금융위기 이후 리츠시장이 곧바로 회복한 것도 개별 리츠의 대형화에 따른 효율적 운영이 한

---

34) 실제로 안전행정부는 리츠에 주어졌던 취득세 혜택을 리츠의 상장 부진을 이유로 2014년 폐지한 바 있다.

몫을 차지한다.

리츠를 대형화함에 따라 얻을 수 있는 이익에는 다음과 같은 것들이 있다. 첫째, 리츠의 대형화를 통해 규모의 경제를 누릴 수 있다는 점이다. 리츠를 대형화할 경우, 자산관리 과정에서 다양한 형태로 규모의 경제를 누릴 수 있으며, 이에 따라 영세한 리츠에 비해 리츠의 효율적인 운영이 가능해진다.

둘째, 리츠의 대형화는 투자자에게 리츠의 신뢰성과 안정성 제고에도 도움을 줄 수 있다. 리츠의 대형화를 통해 규모의 경제의 확보, 자산 포트폴리오 구성의 다양화를 통한 포트폴리오 이익의 실현, 자산운영의 다양한 시너지 효과 발생, 노하우와 인지도가 높은 대형 기업의 리츠 운영에 투자자의 신뢰도 향상 등을 도모할 수 있기 때문에 투자자에게 리츠의 신뢰성과 안정성이 높아질 수 있는 것이다.

따라서 리츠시장의 활성화를 위해서는 다양한 방식의 대형화 전략을 마련할 필요가 있다. 이러한 맥락에서 임대주택 리츠의 대형화를 위한 전략에는 다음과 같은 것들이 있다.

첫째, 현재 운영 중인 임대주택 리츠들 간의 M&A를 활용하는 방안을 들 수 있다. 특히, 현재 상당수의 임대주택 리츠는 재정비리츠, 뉴스테이 등 기한부 리츠의 구조를 가지고 있기 때문에, 임대주택 리츠의 청산 시점에서 이들 리츠를 합병하여 대형화하는 방안을 강구할 수 있을 것이다.

둘째, 투자자에게 신뢰성이 검증된 스폰서(sponsor)를 리츠의 설립자로 하는 리츠 설립방식을 활용하는 방안을 들 수 있다. 즉, 기관투자가, 공공기관, 대형 건설사 등이 스폰서가 되어 리츠를 설립할 경우, 이들 스폰서들이 가지고 있는 자산을 현물출자할 수도 있고, 투자자 모집에도 용이하기 때문에, 대형 리츠의 설립이 보다 용이해질 수 있다.

후술할 스폰서드 리츠도 바로 이러한 신뢰성이 높은 스폰서를 활용한 리츠 설립 방식이라 할 수 있다.

셋째, 현물출자 방식의 적극적인 활용을 들 수 있다. 미국의 사례에서 살펴보았듯이 UPREIT 방식의 활용을 통해 1990년대 이후 대형 리츠들이 리츠로 전환해 리츠시장이 급성장한 바 있다. 국내는 UPREIT 방식을 활용할 수 있는 제도가 없기 때문에 그에 상응하는 방안으로 현물출자 방식을 활용할 수 있다.

다행스러운 점은 임대주택 리츠는 현물출자에 대한 양도소득세 이연제도를 활용할 수 있다는 점이다. 따라서 임대주택 리츠의 경우 현물출자를 통한 리츠의 대형화 방식을 적극적으로 활용할 수 있다. 특히, 임대주택 재고가 많은 LH공사나 서울주택도시공사는 기존에 보유한 임대주택을 리츠로 현물출자하는 방안도 적극 고려할 수 있다.

넷째, 대상불특정형(blind pool) 방식의 리츠 운영을 활용하는 방안을 들 수 있다. 대상불특정형 방식이란 리츠가 투자자 모집 시 펀드에 편입될 투자 대상 부동산을 정하지 않고, 개략적인 펀드의 투자목적 향후 편입할 부동산의 특성만을 지정하는 방식을 말한다.

이에 따라 투자자는 리츠의 자산운영자의 신뢰만 가지고 리츠에 투자하게 되는데, 이는 리츠 운영자에 대한 투자자의 신뢰가 매우 높은 경우에만 가능하다. 따라서 대상불특정형 방식은 미국과 같이 리츠산업이 고도로 전문화된 경우에만 실현 가능하다. 하지만 대상불특정형 방식을 활용할 경우, 투자 부동산 물건을 일일이 확보하지 않아도 되기 때문에, 리츠 투자 모집을 빠르게 할 수 있는 장점이 있다. 향후 리츠산업의 전문성이 향상될 경우, 대상불특정형 방식을 활용해 봄직하다.

자산관리 전략의 마련 : 임대주택 투자관리 운영 전문회사의 육성

임대주택 리츠의 역량은 궁극적으로 임대주택 리츠를 관리하는 자산관리회사의 역량이라 할 수 있다. 이러한 측면에서 임대주택 리츠의 활성화를 위해서는 전문적인 자산관리 전략을 마련하는 것이 필요하다. 사실상 리츠의 성패는 효과적이고 전문적인 관리를 통해 안정적인 임차인 기반을 마련하고 수익성을 확보할 수 있느냐에 달려 있기 때문이다. 이러한 맥락에서 효과적인 임대주택 투자·운영 전문회사의 육성 방안이 마련되어야 할 것이다.

미국의 사례에서 본 확인한 바와 같이 대부분의 임대주택 리츠는 임대주택의 설계-개발-보유-관리운영-컨설팅-자금조달을 복합적으로 담당하는 수직적으로 통합된 부동산투자·운영회사라는 전략적 포지셔닝을 가지고 있음을 확인할 수 있다. 즉, 임대주택 리츠는 단순한 투자펀드가 아니라 종합적인 부동산투자·운영회사로서, 자산관리 전문가로서 역할도 충실히 담당하는 것이다(박원석, 2015).

이러한 점은 임대주택 리츠의 장기적 성장 역량을 강화한다는 점에서 매우 중요하게 다루어야 할 사항이다. 실제로 뉴스테이 등 국내에서 임대주택 리츠의 설립 및 구조조직 과정을 보면, 임대주택 리츠의 설립과 투자에만 방점이 찍혀 있고, 효과적인 자산관리 역량 강화에는 관심을 두고 있지 않은 실정이다.

그런데 미국의 사례에서 보듯이, 많은 임대주택 리츠들이 관리운영회사에서 시작하였고, 효과적인 자산관리를 경영의 핵심 경쟁력으로 두고 있다. 따라서 임대주택 리츠의 지속가능한 활성화를 위해서는 전문적인 자산관리 방안을 마련하는 것이 선결과제라 할 수 있다(박원석, 2015). 즉, 임대주택 리츠는 투자펀드가 아니라 부동산 투자와 운영이 결합된 종합적인 부동산투자·운영회사라는 인식의 전환이 필요하다는 점이다.

따라서 정부정책이나 사업자의 방점이 단순히 임대주택의 개발 및 매입 등 일회성 투자 전략에만 머물러 있을 것이 아니라 임대주택의 효과적 관리를 통해 임차인들이 지속가능하고 양질의 주거서비스를 누릴 수 있는 자산관리 전략에까지 통합적으로 발전시켜야 한다는 점이다. 이러한 투자 전략과 자산관리전략이 수직적으로 결합된 전략을 가져야만, 임대주택 리츠가 장기적으로 지속가능하고 효과적인 주거대안이 될 수 있을 것이다.

이러한 맥락에서 임대주택 리츠의 자산관리는 어떤 전문회사가 담당할 것인지, 핵심 경쟁력은 어디에 맞춰져 있는지를 확인하고, 그에 따른 전문적인 자산관리 전략을 마련해야 할 것이다. 그리고 전문적인 임대주택 자산관리 능력을 배양할 수 있는 프로그램도 마련해야 할 것이다(박원석, 2015).

공공 임대주택 리츠의 투자자산 확보 전략 : 기숙사 리츠

임대주택 리츠의 운영에서 중요한 관건 중 하나가 어떻게 양질의 투자자산을 확보하는가 하는 문제다. 임대주택 리츠는 통상적으로 일관성 있는 관리를 하기 위해서는 임대주택 단지 단위로 투자자산을 확보해야 하기 때문에 기존의 임대주택 재고를 활용하기가 상당히 까다롭다. 따라서 새로운 임대주택 단지를 개발하든지 기숙사 등과 같이 특화된 임대주택에 투자하는 방안을 강구할 필요가 있다.

특히 서울리츠 등 공공 임대주택 리츠는 회사 고유 투자자산의 확보 전략을 명확하게 마련할 필요가 있다. 이는 공공 임대주택 리츠가 단순히 수익성만 추구하는 회사가 아니라 주거안정이라는 명확한 정책목표를 가지고 추진되고 있기 때문에 더욱 그러하다.

따라서 공공 임대주택 리츠의 투자자산 확보를 위한 대표적인 전략으로 새로운 틈새시장인 기숙사에 투자하는 방안[35]을 강구할 필요가 있다. 주지하다시피 현재 우리 사회에서 청년층의 주거문제는 매우 심각한 실정인데, 특히 타지에서 대학을 다니는 대학생들이 이러한 주거문제에서 많은 어려움을 겪고 있다. 현재 대학들은 기숙사 확충을 원하지만 자본과 공간 부족으로 이들 기숙사 수요를 따라잡지 못하는 실정이다.

그런데 미국의 임대주택 리츠 사례에서 살펴보았듯이 미국의 경우 3개의 기숙사 리츠를 통해 2013년 말 현재 미국 전역에서 14만 베드 이상의 대학생 전용 기숙사 및 임대주택이 투자·운영되고 있다. 대학 기숙사 또는 대학생 전용 임대주택의 투자와 관리가 리츠에 의해 이루어져서 대학생들의 주거문제가 개선되고 있는 사실을 확인할 수 있다. 리츠가 가진 장점인 전문적인 운영능력과 관련 대학과의 적절한 협력을 바탕으로, 리츠의 투자는 대학생 기숙사 및 임대주택 분야에서 빠른 성장을 보이고 있다. 즉, 대학생 주거복지 차원에서 민간 투자자-대학-대학생 모두 원원하는 구조가 기숙사 리츠를 통해 이루어지고 있는 것이다.

이러한 맥락에서 국내에서도 공공 임대주택 리츠의 새로운 투자처로 미국의 기숙사 리츠의 사례를 벤치마킹할 필요가 있다. 특히, 기숙사 리츠의 투자자산 확보와 적절한 임대료 통제를 위해서는 리츠-대학-공공 부문 간의 다양한 파트너십 관계를 활용할 필요가 있다.

미국의 기숙사 리츠는 주로 대학 내 캠퍼스에서 도보거리에 기숙사

---

35) 기숙사 리츠에 대한 내용은 "박원석, 2014, 대학생 기숙사 확충을 위한 REITs의 활용 방안, ≪대한지리학회지≫, 49(3), 357~370"을 주로 참조, 인용하였다.

단지를 확보하고 있다. 따라서 기숙사 리츠는 대학과의 접근성이 가장 중요한 관건이다. 이에 기숙사 리츠가 운영하는 기숙사는 기숙사 단지가 캠퍼스 내부에 입지하든지, 대학 캠퍼스 주변의 원룸 단지를 매입하여 리모델링하거나 소규모 나지를 개발하는 방안을 적극 모색해야 할 것이다.

　　최근 들어 몇몇 국내 대학에서 민간투자를 활용하여 기숙사를 건립한 바 있으며, 대학의 유휴지 활용과 수익사업 차원에서 기숙사를 건립하려는 움직임도 보이고 있다. 따라서 기숙사 리츠는 이들 대학과의 파트너십을 통해 기숙사 단지를 운영할 수 있는 여지는 충분히 있다고 하겠다. 예를 들면, 기숙사 부지는 대학이 출연하고, 기숙사 건설과 운영은 기숙사 리츠가 담당하는 구조를 활용할 수 있는 것이다.

　　그런데 현재 민자 기숙사 운영에서 가장 큰 문제점은 높은 임대료 부담이다. 즉, 민간 투자를 받아들이는 대가로 기숙사 비용의 인상을 감내해야 하는 상황이다. 이러한 상황에서 기숙사 리츠가 운영하는 기숙사의 임대료를 통제하는 방안이 아울러 마련되어야 할 것이다. 이러한 임대료 통제를 위해서는 기숙사 리츠와 대학이 각각 어느 정도의 부담을 나눌 필요가 있다. 예를 들면, 대학은 부지를 무상으로 제공하는 대신, 기숙사 리츠는 임대료 수준을 대학과 공동으로 결정하는 방식을 채택할 수 있다.

소프트웨어 경쟁력 및 브랜드 전략의 마련[36)]

임대주택 리츠의 활성화를 위한 방편으로 소프트웨어 경쟁력 및 브랜드

---

36) 소프트웨어 경쟁력 및 브랜드 전략의 마련에 대한 내용은 "박원석, 2015, 임대주택 리츠의 해외 사례 및 시사점, 주택도시연구, 5(2), 17~32"의 내용을 주로 참조, 인용하였다.

전략을 아울러 마련할 필요가 있다. 이러한 소프트웨어 경쟁력 및 브랜드 전략은 특히 국내 임대주택 리츠의 활성화를 위해서 필요한 전략이다. 지금까지 국내에서 임대주택이란 저소득층과 서민을 위한 주거공간으로만 인식되어 왔으며, 이에 따라 임대주택에 대한 인식은 부정적이었고 심할 경우 임대주택이 님비(NIMBY) 시설로서 주민갈등의 소지가 되기도 했다.

하지만 미국의 임대주택 리츠 사례에서 살펴보았듯이 대부분의 임대주택 리츠는 중산층은 물론 고소득층을 표적시장으로 하여 운영되고 있다. 따라서 임대주택 리츠는 소득은 있지만 자산이 부족한 중산층을 위한 주거공간으로도 충분히 의미 있는 대안이 되고 있다. 여기에는 임대주택에 대한 인식이 국내보다는 훨씬 긍정적이라는 점이 작용하고 있는데, 이를 위해 임대주택 리츠들은 나름의 소프트웨어 경쟁력을 확보하고 차별적인 브랜드 전략을 마련하고 있다.

앞서 사례에서 보았듯이 미국 최대의 임대주택 리츠인 EQR은 임차인을 만족시키고 유지시키기 위한 다양한 커뮤니티 활성화 전략을 구사하고 있는데, 이를 통해 수요자인 임차인의 충성도를 높이는 한편 EQR의 브랜드 전략으로 활용하고 있다. 또한, 기숙사 리츠인 ACC는 프리미엄급 기숙사를 지향하여 다양한 부대 서비스를 운영하고 이를 브랜드화하는 전략을 통해 관리서비스의 표준화, 효율화, 양질화를 달성하고 있다. 사실상 이러한 차별적인 브랜드 전략을 대부분의 임대주택 리츠들은 구사하고 있다.

따라서 국내 임대주택 리츠도 임대주택이 더 이상 저소득층의 열악한 주거공간이 아니라 중산층과 사회초년생들이 양질의 주거서비스를 누릴 수 있는 공간이라는 인식을 심어 줄 수 있도록 하는 다양한 소프트웨어 경쟁력을 확보하는 방안과 차별적인 브랜드 전략을 마련할 필요가 있다. 이를 위해 각 임대주택 리츠별로 임차인의 니즈에 맞는 차별적인 주거서비스를 제공하면서도 관리와 운영에서 상향 표준화된 서비스를 제공하는 등의 노력이 필요할 것이다.

임대주택 리츠의 발전을 위한 정책과제

자기관리 형태의 리츠를 활성화하기 위한 제도적 장치 마련

임대주택 리츠의 활성화를 위해서는 앞서 살펴본 바와 같이 리츠가 영속형 계속기업으로 운영되어 안정적 운영이 가능하고, 투자지분은 공모를 통해 상장하고 대형화를 통해 규모의 경제를 확보하는 방안을 찾는 것이 필요하다. 그런데 국내 리츠산업이 현재와 같이 기한부의 영세한 사모펀드 형태로 운영되는 것은 시장에서 인정받는 공신력 있는 스폰서가 리츠 설립에 나서지 않기 때문으로 판단된다. 따라서 영속형 - 대형 - 상장형 리츠의 운영을 위해서는 리츠를 실질적으로 지배하는 공신력 있는 스폰서가 필요하다. 다시 말하면, 공신력 있는 스폰서에 의해서 자기관리 형태로 리츠가 운영되는 것이 필요하다는 점이다.

미국의 임대주택 리츠 사례에서 확인했듯이, 미국의 대부분 리츠는 자기관리 리츠로 운영되고 있다. 또한, 일본의 임대주택 사례에서도 스폰서드 리츠 구조를 활용하여, 실질적으로 리츠가 스폰서에 의한 자기관리형으로 운영되고 있음을 확인할 수 있다. 국내의 리츠제도가 미국의 리츠제도를 벤치마킹한 만큼,「부동산투자회사법」의 입법 당시부터 자기관리 리츠제도가 도입된 바 있다. 실제로 국내 리츠제도의 도입 시부터 미국식 자기관리 형태의 영속회사 리츠의 활성화를 감안하여 제도를 도입한 것이라 할 수 있다.

그런데 2015년 말 현재 자기관리 리츠는 거의 명맥을 찾아볼 수가 없는데, 이렇게 자기관리 리츠의 설립이 지지부진하게 된 가장 큰 원인은 자기관리 리츠에 대해서는 리츠 활성화의 가장 핵심적인 사항인 법인세 감면 제도가 없다는 점 때문이다. 즉, 자기관리 리츠는 법인세가 면제되지 않기 때문에 이중과세를 부담해야 하는 문제가 있어, 수익성에서 위탁관리 리츠나 부동산펀드에 비해 열위에 놓이게 되고, 그 결과 리츠 설립자와 투자자들이 자기관리 리츠를 외면하게 된 것이다.

자기관리 리츠에 대해 미국에서는 법인세 혜택이 있는 반면, 우리나라는 법인세 혜택이 없는 것은 법인세를 면제해 주는 도관체(conduit)에 대한 인정기준이 다르기 때문이다. 미국에서는 일정한 요건을 갖춘 투자조직 수입의 대부분이 수동적 소득(passive income)으로 구성될 경우 도관체로 인정하여 법인세를 면제해 준다. 미국은 세법상 소득의 성격을 분류하고 있기 때문에, 도관체로 인정받는 기준은 소득의 성격에 달려 있다(박원석, 2013).

반면, 국내에서는 법인세가 면제되는 도관체로 명목회사(paper company)만 인정하고 있다. 국내에서는 소득의 성격을 분류하는 기준이 없기 때문에, 회사의 형태를 가지고 도관체 여부를 결정하는 것이다. 자기관리가 가능한 리츠가 미국에서는 법인세 혜택이 있는 반면, 우리나라는 법인세 혜택이 없는 것은 바로 이러한 도관체에 대한 인정기준이 다르기 때문이다. 즉, 도관체 인정기준에서 우리나라는 회사의 법적 형식을, 미국은 회사 운용의 실질을 중요시한다고 하겠다. 이러한 기준에 따라 자기관리 리츠는 위탁관리 리츠나 기업구조조정 리츠와는 달리 실체가 있는 회사이기 때문에, 도관체로 인정받지 못해 법인세 면제 혜택을 받지 못하고 있는 것이다.

하지만 리츠의 활성화를 위해서는 어떠한 방식으로든 간에 공신력 있는 스폰서에 의해서 자기관리 형태로 리츠의 활성화가 필요하다. 이에 따라 자기관리 형태의 리츠를 활성화하기 위한 제도적 장치를 마련하는 것이 필요하다. 이러한 자기관리 리츠의 제도적 방안으로는 크게 3가지 대안이 있다.

첫째는 미국식으로 자기관리 리츠를 도관체로 인정하여 법인세를 면제하는 방안, 둘째는 일본과 싱가포르식으로 스폰서드 리츠 구조를 활용하는 방안, 셋째는 호주식으로 결합주식 리츠를 활용하는 방안이 그것이다. 그림 4-1은 이러한 자기관리형 리츠의 활성화 방안을 나타낸 것이다. 그 각각의 대안을 구체적으로 살펴보면 다음과 같다.

대안 1 : 자기관리형 리츠의 도관체 인정

자기관리형 리츠를 활성화하기 위한 첫 번째 대안은 미국식으로, 국내의 자기관리 리츠를 도관체로 인정하여 법인세를 면제하는 방안을 들수 있다. 현재 기획재정부와 국세청의 입장에서는 조세 도관체가 되기위해서는 첫째, 수익을 실질적으로 모두 분배하고, 둘째, 상근 임직원을 가진 실체형 조직이 아닐 것이라는 두 가지 조건을 모두 만족시켜야한다.

여기서 자기관리 리츠에게 문제가 되는 것은 두 번째 조건이다. 미국이나 유럽 등 많은 국가에서 실체가 있는 자기관리 리츠에 대해서 법인세 혜택을 부여하는 만큼, 정책 당국도 국내 자기관리 리츠에 대해서두 번째 조건을 폐지하는 방안을 전향적으로 검토할 필요가 있다. 리츠의 활성화가 가져다줄 국민경제적 순기능, 즉 소액 투자자에게 부동산투자기회를 제공하고, 투자자에게 연금 형태의 안정적인 배당수익이 발생하는 투자상품의 확보할 수 있고, 리츠가 부동산 시장 선진화를 견인할 수 있다는 점 등을 감안한다면, 이제는 자기관리 리츠에 채워진 단

그림 4-1 자기관리형 리츠의 활성화 방안

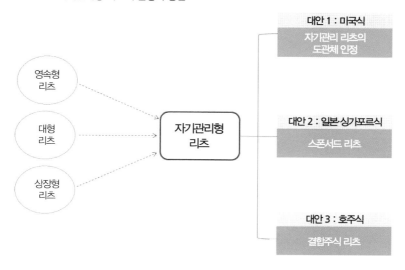

단한 족쇄인 법인세 부과를 폐지하는 방안을 신중하고 전향적으로 검토
할 필요가 있는 것이다.

대안 2 : 스폰서드 리츠의 활용

자기관리형 리츠를 활성화하기 위한 두 번째 대안은 일본과 싱가포르식
으로, 스폰서드 리츠(sponsored REITs) 구조를 활용하는 방안을 들 수
있다. 스폰서드 리츠는 말 그대로 공신력 있는 스폰서가 리츠의 설립,
자금조달, 자산관리를 총괄하여 운영하는 방식을 말한다. 스폰서드 리
츠는 공신력 있는 스폰서가 리츠의 자산관리회사를 자회사 형태로 소유
하고, 실질적으로 자기관리 형태로 리츠를 운영하는 방식이다.

스폰서드 리츠는 현재 일본과 싱가포르에서 리츠 설립의 공신력을
확보하기 위해 활용하고 있다. 우리나라와 리츠제도의 도입시기가 비

숫한 일본과 싱가포르에서 리츠시장이 활성화된 데는 이러한 스폰서드 리츠 구조의 활용의 영향이 크다고 하겠다.

국내에서는 국토교통부(2015)의 연구에서 리츠의 활성화를 위해 스폰서드 리츠의 활용을 제안한 바 있는데, 국토교통부(2015)의 연구에서는 스폰서드 리츠 대신에 앵커 리츠라는 용어로 바꿔서 제안하고 있다.[37] 그림 4-2는 국토교통부(2015)의 연구에서 제안한 스폰서드 리츠(앵커 리츠)의 구조를 나타낸 것이다.

스폰서드 리츠에서는 우선 공신력 있는 스폰서가 리츠의 대주주로서 중요한 역할을 하고 있다. 스폰서는 자신이 보유한 부동산을 현물출자하든지 아니면 금전 출자하는 방식으로 리츠의 대주주 역할을 한다. 이와 함께 스폰서는 자회사로 리츠의 자산관리회사(AMC : asset management company)와 부동산관리회사(PMC : property management company)를 설립하고 이들 회사의 지분을 100% 보유한다.

따라서 리츠가 보유한 부동산의 자산관리는 스폰서가 자산관리회사와 부동산관리회사를 통해서 권한과 책임을 지게 된다. 이러한 구조를 통해 스폰서는 리츠의 투자와 자금조달을 책임지고, 전액 출자한 자산관리회사를 통해 리츠의 자산관리에 강력한 영향력을 행사할 수 있다. 이에 투자자들은 이러한 스폰서의 공신력에 의존하여 리츠 투자에 신뢰를 보낼 수 있다. 또한 강력한 스폰서가 지배하는 구조를 통해, 영속형의 대형 상장 리츠 설립이 용이하게 된다.

스폰서드 리츠 구조는 자기관리 리츠에 대해 법인세 면제 혜택이 부여되지 않는 상황에서 자기관리형 리츠의 활성화를 위한 대안이 될

---

37) 해외에서 사업제안자를 스폰서로 표현하고 있으나, 이 용어가 국내에서 주는 부정적 이미지 때문에 국토교통부에서는 앵커라는 표현으로 대체하고 있다.

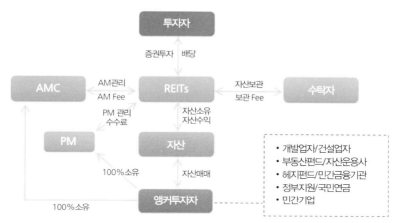

그림 4-2 스폰서드 리츠(앵커 리츠)의 구조

투자자

증권투자   배당

AMC   AM관리   REITs   자산보관   수탁자
      AM Fee   보관 Fee

      PM 관리   자산소유
      수수료   자산수익

PM   자산

      100%소유   자산매매

                      앵커투자자

100%소유

- 개발업자/건설업자
- 부동산펀드/자산운용사
- 헤지펀드/민간금융기관
- 정부지원/국민연금
- 민간기업

출처 : 국토교통부, 2015, 리츠사업의 다각화 및 공모활성화 방안 연구

수 있다. 미국의 리츠는 대부분 자기관리 리츠로 운영되는데, 자기관리 리츠에서는 스폰서가 리츠 내에서 투자와 자산관리를 동시에 할 수 있기 때문에, 사실상 자기관리 리츠는 보다 안정된 형태의 스폰서드 리츠라 할 수 있다. 그런데 국내에서는 자기관리 리츠에 대한 법인세 면제 혜택이 없기 때문에 그 차선책으로 스폰서드 리츠을 제안할 수 있는 것이다.

국토교통부(2015)의 연구에서는 국내에서 리츠 설립의 주체가 있는 공신력 있는 스폰서로 개발업자와 건설업자와 같은 디벨로퍼 스폰서, 부동산펀드와 자산운용사와 같은 펀드매니저 스폰서, 헤지펀드와 민간 금융기관과 같은 금융 스폰서, 국민연금과 같은 정부 관련 스폰서, 일반 민간기업 스폰서를 대안으로 제시하고 있다.

이러한 맥락에서 서울주택도시공사는 공공부문 앵커(스폰서)로서,

임대주택 전문 스폰서드 리츠의 유력한 앵커의 대안이 될 수 있다. 서울주택도시공사의 경우, 기존에 임대주택 재고를 통해 현물출자 대상 부동산을 충분히 확보할 수 있고, 그동안의 임대주택 관리를 통해 축적한 임대주택 전문 자산관리회사로서의 역량도 충분히 발휘할 수 있기 때문이다.

또한 서울주택도시공사는 이미 다양한 유형으로 임대주택 리츠의 설립을 추진하고 있기 때문에, 다른 어떤 기관보다도 공신력 있고 전문성 있는 앵커가 될 수 있다. 따라서 서울주택도시공사가 스폰서드 리츠를 설립하는 것은 매우 현실적인 대안이 될 수 있다.

스폰서드 리츠 방식은 스폰서의 존재로 인해, 리츠의 신뢰도와 안정성이 향상되고, 금융자금 조달 측면에서도 좋은 조건으로 자금조달을 할 수 있으며, 스폰서가 보유한 부동산을 활용할 수 있는 등 투자 부동산의 확보에도 용이하다는 장점이 있다.

하지만 스폰서드 리츠는 대주주인 스폰서의 대리인 문제로 인한 도덕적 해이 문제가 발생할 소지가 크다는 단점이 있다. 즉, 대주주인 스폰서가 소액 주주의 이익을 침범하여, 고가에 자신의 부동산을 리츠로 편입시킨다든지, 경영상 대주주의 이익을 극대화한다든지 하는 대리인 문제를 발생시킬 수 있는 것이다.

이러한 문제는 일반적인 자기관리 방식의 자산관리에서 지적하고 있는 공통적인 문제점이기도 하다. 따라서 스폰서드 리츠의 설립에서 이러한 강력한 권한을 갖는 스폰서를 견제할 수 있는 각종 규제 장치가 필요하다고 하겠다. 이렇게 적절한 견제와 균형이 이루어진 스폰서드 리츠는 리츠 성장의 유력한 대안이 될 수 있다.

현행법상 스폰서드 리츠 구조을 활용하는 데는 사실상 제도적인 장벽이 없는 만큼, 스폰서드 리츠를 활성화하기 위해서는 스폰서드 리츠의 육성을 유도하는 각종 지원 장치를 마련하는 데 초점을 맞추어야 할 것이다. 이러한 스폰서드 리츠의 활성화를 위한 제도적 지원 방안으로는 스폰서드 리츠 구조를 가진 리츠에 대해서는 상장을 쉽게 할 수 있도록 혜택을 주는 방안, 스폰서가 리츠에 현물출자하는 부동산에 대해서는 양도세 이연 혜택을 주는 방안 등을 들 수 있다.

대안 3 : 결합주식 리츠의 활용

자기관리형 리츠를 활성화하기 위한 세 번째 대안은 결합주식 리츠(stapled REITs)를 활용하는 방안이다. 결합주식 리츠 방식은 리츠 주식과 자산관리 회사 주식을 묶어서 투자자에게 매매하는 구조를 통해서 리츠를 운영하는 방식을 말한다.

결합주식(stapled securities)이란 일반적으로 관련된 2개 이상의 주식을 하나의 기구로 묶어서 투자자에게 매매하는 구조를 말한다. 일단 결합주식으로 투자자에게 매각되면 투자자는 이를 분리해서 매각하지 못한다. 따라서 2개의 주식이 마치 스테이플러로 찍은 상태로 묶여서 거래된다는 의미에서 이를 결합주식으로 명명한다(박원석, 2013).

결합주식 리츠 방식[38]은 호주의 리츠인 LPT(listed property trusts)에서 활용하고 있는 방식이다. 호주의 LPT는 신탁형 펀드이고, LPT의 자산관리는 외부의 자산관리회사에 위탁한다. 따라서 LPT 투자자들은 투자 부동산에서 발생하는 배당수익만을 수취할 수 있었다.

이에 LPT 투자자들은 보유 부동산에서 발생하는 수익뿐만 아니라

---

38) 호주 LPT의 결합주식 리츠 방식에 대한 내용은 "박원석, 2007, 호주 Listed Property Trust의 성과와 자산관리 특성 분석: 우리나라 부동산간접투자에의 시사점, 한국경제지리학회지, 10(3), 한국경제지리학회, 245~262"에서 주로 참조, 인용하였다.

그림 4-3 호주의 결합주식 LPT의 구조

출처 : 박원석(2007). "호주 Listed Property Trust의 성과와 자산관리 특성 분석", 한국경제지리학 회지, 10(3).

자산관리에서 발생하는 이익을 확보할 수 있기를 요구했다. 이러한 투자자의 요구를 뒷받침하고 외부 위탁관리 구조에 내재된 비효율성과 이해당사자 간의 갈등 문제를 해소하는 차원에서 호주에서는 1998년부터 LPT가 결합주식 구조를 활용하는 것을 허용하였다.

결합주식 LPT의 구조는 그림 4-3과 같다. LPT의 지분(unit)과 자산관리회사의 주식(share)을 묶어서 상장형 결합주식(listed stapled security)을 만들고, 이러한 결합주식의 소유자는 LPT가 보유한 부동산에서 발생하는 수동적인 수익뿐만 아니라 자산관리회사가 수행하는 부동산 개발 및 자산관리와 같은 적극적인 사업에서 발생하는 수익을 받을 권리를 확보하게 된다.

결합주식 보유자들은 자산관리 수익을 추가로 확보할 수 있어 더 많은 이윤을 배당받을 수 있으며, 소득흐름을 다양화할 수 있는 이점이 있다. 또한 외부 위탁 구조에서 발생하는 수수료 비용의 누출을 방지하는 효과도 누릴 수 있다. 반면, 한번 자산관리회사를 채택하면 성과가 낮더라도 바꾸기 어렵다는 점과 신탁과 운영회사를 결합함으로 인해 투자자의 위험이 높아지는 단점을 안고 있다. 이러한 결합주식 구조는 LPT가 개발사업에 대한 비중을 높이면서 유용성이 더욱 증대되고 있다.

결합주식 리츠 방식은 스폰서드 리츠 방식과 마찬가지로 공신력 있는 스폰서를 리츠산업으로 끌어들이기 위한 구조로 활용할 수 있다. 투자자는 리츠 주식과 공신력 있는 스폰서가 운용하는 자산관리회사의 주식을 동시에 투자함으로써, 스폰서의 공신력을 신뢰하여 리츠에 투자하는 유인이 생길 수 있는 것이다.

그런데 결합주식 리츠 방식은 리츠에 대해 법인세가 면제되는 만큼 조세회피 수단으로 악용될 소지가 있다. 또한 결합주식 방식의 주식거래를 하기 위해서는 주식거래에 관한 제도적 개선이 필요하다. 미국은 한때 호텔 리츠에서 결합주식 방식의 리츠 설립 붐이 일었지만, 조세회피 수단으로의 악용 우려 때문에 1984년부터 신규 설립 리츠에 대해서는 이를 금지한 바 있다.

결합주식 리츠 방식 역시 자기관리 리츠에 대해 법인세 면제 혜택이 부여되지 않는 상황에서 자기관리형 리츠의 활성화를 위한 대안이 될 수 있다. 앞서 설명한 바와 같이, 결합주식 리츠는 공신력 있는 스폰서가 설립한 자산관리회사의 주식과 리츠의 주식을 기구로 묶어 투자자에게 매매하는 구조를 말하는데, 이렇게 스폰서가 자산관리회사를 자회사 형태로 소유해 실질적으로 자기관리 형태로 리츠를 운영하는 방식이다.

결합주식 리츠 방식의 활성화를 위해서는 결합주식 방식의 주식거래가 허용될 수 있게 하는 제도적 개선이 필요하다. 결합주식 리츠 방식은 조세회피 수단으로 악용될 소지가 있는 만큼, 조세회피 방지 장치를 통해서 신중하게 도입을 검토해야 할 것이다.

공모 활성화를 위한 상장 제도의 개선

앞서 살펴본 바와 같이 리츠 주식을 공모해 상장하는 것은 소액 투자자의 부동산 투자기회 확대라는 리츠제도 도입의 본연의 취지에 맞는 정책 방향이라 할 수 있다. 그런데 우리나라는 리츠가 상장을 해도 제도적 혜택이 거의 없으며, 최근 들어 리츠의 상장 기준이 강화되어 현재는 사실상 상장 리츠가 유명무실한 상황이다.

따라서 임대주택 리츠의 발전을 위한 최우선 정책과제로 공모 활성화를 위한 상장 제도의 개선이 필요하다. 상장 제도의 정책적 개선 방안으로는 상장에 따른 실질적인 혜택을 부여하는 방안과 상장 규제를 완화하는 방안이 있다. 이러한 관점에서 공모 활성화를 위한 상장 제도의 개선 방안[39]을 살펴보면 다음과 같다.

첫째로, 상장 리츠에 대해 각종 세제지원을 확대하는 방안을 강구할 필요가 있다. 리츠는 상장을 통해 소액 투자자들의 부동산 투자기회를 제공하는 등 긍정적 효과가 크기 때문에, 임대주택 리츠의 상장을 유도하기 위해서는 비상장 리츠나 부동산펀드와는 차별적인 인센티브를 부여하는 것이 필요하다.

이러한 인센티브 정책 중 가장 효과적인 것으로는 세제 혜택을 들 수 있다. 실제로 싱가포르나 일본은 리츠의 상장을 유도하기 위해서 다양한 세제 혜택을 제공하고 있는데, 국내에서도 이를 벤치마킹할 필요

---

39) 리츠의 상장제도 개선 방안에 대한 내용은 "국토교통부, 2015, 리츠사업의 다각화 및 공모활성화 방안 연구"를 주로 참조, 인용하였다.

가 있다. 리츠의 상장을 유도하기 위해 검토할 만한 세제 혜택으로는 첫째로, 상장 과정에서 발생하는 취득세와 보유 중 법인세를 감면하는 방안, 둘째로, 상장 리츠의 투자자에 대한 배당소득세를 감면하는 방안, 셋째로, 리츠 투자자의 배당소득을 금융소득종합과세에서 분리 과세하거나 이연하는 방안 등을 들 수 있다.

둘째로, 투자자 보호 장치의 강화를 전제로 한 상장 요건을 완화하는 방안을 강구할 필요가 있다. 전술한 바와 같이, 리츠의 금융사고 이후 리츠의 상장 요건이 매우 강화돼 현재는 상장 리츠가 유명무실한 실정인 만큼 리츠의 상장을 활성화하기 위해 투자자 보호 장치의 강화를 전제로 리츠의 특성에 맞도록 상장 요건을 완화하는 방안을 강구할 필요가 있다.

우선 상장 요건을 완화하는 방안으로는 상장 기준에 매출액 기준 이외에 자산기준을 포함하는 방안, 상장 시 최저 자본금 요건을 부동산 펀드와 같이 50억 원으로 인하하는 방안, 질적 심사 요건을 개선하는 방안 등을 들 수 있다. 이와 함께 투자자 보호 장치를 강화하는 방안으로는 리츠의 정보 공개를 확대하는 방안, 회계투명성을 강화하는 방안, 상장 폐지 시 투자자 보호장치를 마련하는 방안, 리츠의 투자정보를 구축하는 방안 등을 들 수 있다.

리츠의 대형화를 유도하기 위한 인수·합병 제도의 개선

앞서 살펴본 바와 같이 리츠의 활성화를 위해서는 리츠의 대형화가 필요하다. 즉, 리츠의 대형화를 통해서, 리츠 운영에서 규모의 경제를 누릴 수 있고, 투자자에게 리츠의 신뢰성과 안정성을 제고시킬 수 있다. 여기서 리츠의 대형화 방식 중 가장 유력한 대안이 현재 운영 중인 임대주택 리츠들 간의 인수·합병을 유도하는 방안이라 할 수 있다. 이러한 맥락에서 리츠의 대형화를 유도하기 위한 인센티브로서 인수·합병 제도의 개선이 필요하다. 리츠에 대한 인수·합병 제도의 개선 방안으로는 다음과 같은 것들이 있다.

첫째로, 리츠 간 합병을 유도하기 위한 세제 혜택 등 각종 제도적 지원 방안을 들 수 있다. 여기에는 피 합병법인의 자산양도 손익에 대한 법인세 및 부가가치세 감면, 합병법인의 매수차익에 대한 법인세 및 취득세 감면(국토교통부, 2015) 등이 있다.

둘째로, 현재 운영 중인 재정비리츠, 뉴스테이 등 기한부 임대주택 리츠의 청산시점에서 대형화를 유도하기 위한 제도적 장치를 마련하는 방안을 들 수 있다. 재정비리츠나 뉴스테이와 같은 기한부 임대주택 리츠는 임대주택 리츠의 청산 시점에서 이들 리츠를 합병하여 대형화할 경우, 각종 제도적 인센티브를 부여하는 방안을 들 수 있다. 여기에는 예를 들면 청산 및 현물출자 과정에서 발생하는 양도소득세 이연, 취득세 감면 조치 등이 있다.

리츠의 수익성 개선을 위한 각종 세제 혜택 확대

임대주택 리츠의 활성화를 위해서는 리츠의 수익성을 개선시킬 수 있는 각종 세제 혜택을 확대하는 방안도 검토할 수 있을 것이다. 물론 임대주택 리츠에 대한 세제 혜택은 임대주택 리츠가 국민경제에 미치는 순기능을 감안하여 다른 제도와 형평성에서 크게 벗어나지 않은 범위 내에서 고려되어야 할 것이다. 이러한 맥락에서 리츠의 수익성 개선을 위한 세제 혜택 확대 방안을 살펴보면 다음과 같다.

첫째로, 일몰 규정에 의해 혜택이 폐지된 취득세 감면 등의 조치를 원위치로 부활시킬 필요가 있다. 리츠가 공모를 통한 소액 투자자에 대한 기여가 미약하다는 명분으로 취득세 감면 등이 일몰 규정에 의해 폐지된 바 있는데, 이러한 세제 혜택의 축소는 리츠의 공모 설립을 더 어렵게 만드는 요인이 되고 있다. 따라서 리츠의 안정적인 운영을 위해서는 일몰 규정에 의해 축소된 세제 혜택을 원위치할 필요가 있다. 나아가 일시적인 부활이 아니라 항구적으로 부여하는 조치도 시행할 필요가 있다.

둘째로, 리츠의 소액 투자 활성화를 위해, 개인 소액 투자자에 대해서는 리츠 주식 투자에 따른 배당소득을 종합과세에서 분리하거나 이연해서 과세하는 방안을 마련할 필요가 있다. 개인 소액투자자에 대한 배당소득세 감면 방안은 전체 리츠에 시행할 수도 있고, 상장 리츠에만 차별적으로 시행할 수도 있다. 어떤 방식이든 간에 대부분의 개인 소액 투자자들은 상장 리츠에 투자하기 때문에 실질적인 혜택을 유사할 것으로 판단된다.

셋째로, 리츠의 수익성에 영향을 주는 여타 세제도 임대주택 리츠의 특수성을 감안한 합리적인 수준에서 재정비할 필요가 있다. 예를 들면, 임대주택 리츠와 관련해서는 보유 자산의 종합부동산세 합산 배제 등 임대주택 리츠의 특수성을 감안한 별도의 규정을 정비할 필요가 있다.

02
서울형 임대주택 리츠의 발전 방향 및 정책 과제

국내외 임대주택 리츠 사례와의 비교 분석

영속형 기업으로서의 임대주택 리츠 육성

국내 공공임대주택 리츠나 뉴스테이는 모두 기한부 리츠로 운영되고 있다. 즉 LH의 공공임대주택 리츠는 투자 대상 자체가 10년 분양전환주택이다. 따라서 입주자가 10년간 임차인으로 거주하다가 10년 후 분양받아 자가주택을 마련할 수 있는 주택이다. 뉴스테이도 의무임대기간이 8년이기 때문에 의무임대기간이 지난 후에는 이 주택을 매입하고자 하는 기관이나 개인한테 매각하고 리츠를 청산하는 형태가 될 가능성이 높다.

이와 같은 국내 임대주택 리츠는 기본적인 성격이 기한부 리츠로 되어 있고, 8~10년의 기간 이후 리츠로서 청산될 가능성이 매우 높기 때문에 기존의 부동산펀드와 그 투자구조가 유사하고 외국에서 볼 수 있는 일반적 자기관리형 리츠나 스폰서드 리츠와는 다른 유형이다. 외국은 영속회사로서 임대주택 리츠가 운영되는 것이 기본이다.

서울리츠도 기한부로 남지 않고 영속형으로 되기 위해서는 지속적인 새로운 서울리츠로 임대주택이 편입될 필요가 있다. 편입 방식으로 다음과 같은 방안을 고려할 수 있다.

첫째 새로운 임대주택을 증자를 통해 리츠가 매수하는 방식이 있다. 둘째는 서울리츠와 서울리츠 또는 재정비리츠를 합병하는 방식이 있다. 마지막으로는 자체 여유자금을 적립해서 개발하거나 상장하여 유입된 자금을 활용하여 임대주택을 늘려가는 방식이 있다.

외국도 비슷한 방식의 지속적인 자산매입을 통해 임대주택리츠를 영속적으로 운영하게 된다. 미국은 대부분 자기관리 리츠이기 때문에 AMC(자산관리회사)가 내부적으로 존재하고 이 자산관리회사가 외부의 개발회사를 활용하여 임대주택을 개발, 리츠로 편입하는 형태를 취하고 있다. 일반적으로 전체 자산의 10% 전후 비중으로 임대주택 개발사업을 전개하고 있다.

일본도 지속적으로 증자나 유보이윤을 이용해 임대주택을 늘리고 있다. 나아가 임대주택 간 합병방식에 의해 부실자산을 매각하고, 합병차익을 이용해 임대주택리츠를 정상화하는 방식으로 영속성을 확보하고 있다. 임대주택을 같은 스폰서가 가진 다른 상업용부동산 리츠와 합병하는 사례도 나타나고 있다. 서울리츠의 경우 서울주택도시공사가 앵커이기 때문에 자회사인 서울투자운용이 위탁관리하는 여러 개의 다른 유형의 리츠를 합병하는 방식으로 규모를 키울 수도 있다.

재정비리츠는 8년 후 매각 청산해야 한다는 점에서 전형적인 기한부 리츠가 될 가능성이 높다. 따라서 재정비리츠를 서울리츠와 합병하거나 편입시켜 재정비리츠의 기한부적 성격을 영속하는 리츠 형태로 전환시키는 방안을 강구할 필요가 있다.

임대주택 자산관리의 전문성 제고 : 전문 자산운용회사의 육성

임대주택의 자산관리는 공공임대주택 리츠의 경우 LH가 자산관리회사로서 모든 리츠를 운영관리하고 있다. LH는 개발기획에서 건설, 임대관리의 모든 영역에 걸쳐 관리업무를 수행하고 있다. 사실상 앵커인 LH가 자산관리와 리츠 출자, 청산의 일련의 과정을 모두 수행하기 때문에 공공임대주택 리츠를 별개로 나누어 운영할 필요가 없으나 공공임대주택 리츠를 3,000~5,000호 정도 규모로 묶어서 순차적으로 별개의 공공임대주택 리츠로 설립운영하고 있다.

외국의 사례로 보면 미국 같은 경우 하나의 리츠가 지속적으로 개발편입을 함으로써 하나의 자산관리회사가 수십만 호까지 운영하는 형태가 되고 있다. 일본도 같은 스폰서가 여러 개의 리츠를 운영하는 경우는 없으며, 하나의 리츠를 지속적으로 성장시키는 전략을 사용하고 있다. 이렇게 함으로써 운영에 효율성도 높이고, 리츠 AMC의 운영능력도 제고하는 측면이 크다.

심지어 일본에서는 동일 스폰서인 경우 임대주택과 상업용부동산 각각의 리츠를 합병하여 운영하는 경우도 나타나고 있다. 그만큼 규모의 경제를 달성함으로써 수익성과 전문성을 제고할 수 있는 것이다. 이러한 측면에서 현재의 공공임대주택 리츠나 뉴스테이의 AMC운영방식도 같은 앵커의 리츠를 통합하여 하나의 리츠로 운영하는 것이 더 바람직하다.

이러한 관점에서 서울형 리츠도 장기적으로 서울리츠와 재정비리츠는 하나의 AMC에 의해 운영되는 하나의 임대주택 리츠로 통합하는 것이 바람직하다.

서울리츠의 발전 방향

영속형 기업으로서의 임대주택 리츠 육성

국내 다른 임대주택 리츠와 달리 행복주택에 투자하는 서울리츠는 최소 30년 이상 운용하는 것을 전제로 하고 있다. 사실상 건물의 감가상각이 완전히 이루어진 이후 재투자가 되는 형태로 기존 임대주택 리츠에 비해 초장기 임대주택 리츠라고 할 수 있다.

그런데 이 경우에도 최초에 입주한 임대주택 물건만으로 운영하게 되면 기한이 30~50년으로 증가하기는 하지만, 역시 기한부 리츠로 될 가능성이 높다. 따라서 지속적으로 행복주택을 추가로 투입하여 늘려가거나 재정비리츠를 매수, 합병하는 방식으로 영속화하는 노력이 필요하다.

그러한 방식으로 영속성이 확보되면 상장을 통해 투자자금을 확보하기가 수월할 수 있다. 나아가 상장된 서울리츠는 다양한 투자자를 유치하면서 금융시장에 새로운 투자 상품을 제공할 수 있게 된다. 이 과정에서 투자된 지분의 회수를 원하는 투자자는 투자성과를 회수할 수 있게 될 것이다.

현재 국내 임대주택 리츠가 상장에 어려움을 겪는 이유 중에는 8~10년이라는 기한부로 인해 청산압박을 받는 부분이 크게 작용하고 있다. 즉 비교적 단기간에 운영성과를 내고 청산해야 되는 리츠는 부동산 펀드와 마찬가지로 자금운용을 단기간에 하려는 일부 기관투자가에게만 매력적으로 보이는 것이다. 결국 장기적인 투자를 원하는 개인이나 해외 투자자에게 국내 리츠는 현재와 같은 형태로는 외면받게 되는 것이다.

토지임대부 임대주택 확대

국내 임대주택 리츠는 토지를 매입해서 사업을 전개하고 있다. 토지를 매입하는 경우 전체 자산에서 토지가의 변동이 강하게 영향을 주게 되고, 이러한 지가변동은 궁극적으로는 리츠의 청산시점에서 자본이득을 기대하게 하다. 이렇게 되면 임대주택의 운영수익보다는 매각차익이 전체 리츠투자의 중심적 유인으로 작동하게 된다. 따라서 일정 기간 이후 매각해서 차익을 내지 않고는 리츠의 투자수익을 회수할 방안이 없게 된다.

국내 임대주택 리츠의 투자패턴은 보증금이 큰 보증부월세 구조와 맞물리면서 자본차익 위주의 임대주택 투자로 귀결된다. 공공임대주택 리츠에서는 이로 인해 입주자와 LH 사이에 10년 후 분양전환가를 둘러싼 갈등 구조를 발생시키게 된다. 뉴스테이에서도 8년 이상 운영하는데 있어서 애로로 작동하게 된다. 지속적인 매각차익 없이는 영속적인 운영이 불가능한 구조가 되는 것이다. 이러한 맥락에서 보면 토지임대부 임대주택은 상대적으로 매매차익이 아닌 운영수익에 기초하는 투자상품으로 적절하다.

그렇지만 우리나라에서 토지임대부 임대주택에 토지를 빌려주는 토지주에게 별다른 혜택이 없다는 것은 장기적으로 해결해야 할 과제다. 이 문제를 해결하지 못하면 토지임대를 꺼리게 만들 수 있기 때문이다. 따라서 토지임대부 임대주택에 대한 토지주나 투자자에 대한 인센티브를 마련할 필요가 있다. 예컨대 일본과 같이 토지를 임대주택용으로 빌려주면 재산세를 감면해 주는 제도를 마련할 필요가 있다.

임대운영 중심의 리츠 육성

영속적인 리츠로 운영되기 위해서 가장 기본적인 자산관리원칙은 임대운영 수익을 기초로 리츠가 운영되어야 한다는 것이다. 그렇기 때문에 지나치게 보증금이 높은 임대주택 리츠는 이러한 성격에 맞지 않고, 이로 인해 LH나 뉴스테이 중 상당 리츠가 기한부로 운영될 수밖에 없는 상태다.

따라서 의무임대기간이 지난 후에 지속적으로 임대가 가능하도록 리츠의 임대운영기간 중에 보증금을 줄이고, 월세 중심으로 임대료 구조를 전환시켜야 한다. 이러한 과정을 거쳐 의무임대기간이 끝나면 완전한 월세임대료 구조로 바꾸어 영속적으로 임대리츠가 가능하도록 해야 한다.

물론 이 과정에서 보증금의 전월세전환율은 가능한 한 낮게 유지해 임차인들의 주거비 부담 증가를 최소화해야 한다. 이미 뉴스테이에서는 3% 전월세전환율을 사용하는 경우도 많고, 공공임대주택도 4% 수준을 적용하고 있기 때문에 서울리츠도 전월세전환율은 신중하게 결정할 필요가 있다.

임대서비스의 품질 제고

임대주택 리츠는 사용자가 주택임차인들이고, 상업용부동산과 달리 주거서비스의 품질이 직접적으로 사용가치와 연결이 된다. 특히 공공임대의 서비스 품질에 대한 불만이 높기 때문에 임대주택 리츠는 임대서비스의 전문성을 높이고, 품질을 제고할 필요가 있다.

이를 위해서는 입·퇴거 과정에서 임대주택의 상태에 대한 정확한 사전, 사후 점검이 필요하다. 이 과정이 정확하지 않으면 임차인과 임대인 간 분쟁이 발생할 가능성이 높다. 특히 퇴거과정에서 원상복구의 문제는 양자 간에 매우 민감한 사항이라는 점에서 더욱 그 절차가 명확해야 한다.

유지보수와 관련한 부분도 자가주택과 달리 임대인들이 수선충당금을 쌓고 장기수선계획에 따라 유지보수를 진행해야 주택의 공용, 전용 부분의 품질을 유지할 수 있다. 특히 전용부의 도배장판 등은 수선주기를 정확히 지켜 운영되어야 임차인의 불만을 줄일 수 있다.

최근에는 임대단지 내 커뮤니티시설에 대한 요구나 제공이 급격히 증가하고 있기 때문에 이와 관련한 초기투자와 유지관리가 지속적으로 이루어져야 한다. 단지 내 운동시설이나 도서실, 각종 서비스의 정도가 임차인 만족도에 매우 큰 영향을 주고 있기 때문에 이에 대한 계획과 운영이 잘 이루어져야 한다.

상장을 통한 금융시장과의 연계 강화

리츠 제도의 핵심은 상장을 통해 다수의 국민이 투자수익을 누리게 해주는 데 있다. 이 때문에 세제 혜택을 부여하는 것이 일반적이다. 이러한 목적에서 리츠가 도입되면서 수익성이 좋아지면서 대규모 자금이 모집이 되면서 국민경제적으로 부동산투자가 필요한 영역에 리츠가 큰 기여를 하게 되었다.

우리나라에서는 이러한 영역으로 최근 급부상한 것이 임대주택 분야이고, 서울리츠도 이러한 맥락에서 투자가 이루어지고 있는 것이다. 따라서 당장에는 주택도시기금을 투입하여 상장면제를 받고 있지만, 장기적으로는 상장을 통해 일반 국민이 투자하는 투자 상품으로 제공될 필요가 있다.

외국은 전체 리츠 투자자의 50% 이상이 일반 국민이며, 그만큼 대중화된 투자 상품으로 해당국 베이비부머들의 노후자금 운영에 도움을 주고 있다. 우리나라에서도 2016년 도입된 ISA계좌에 리츠 주식을 편입하면 이자감면의 혜택을 부여하고 있다.

그림 4-4 뉴스테이 공급 확대와 발전전략

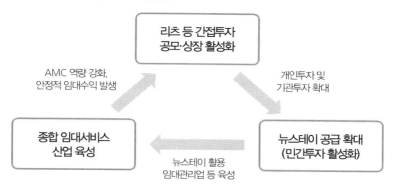

출처 : 관계부처합동, 2016.7.5, "투자활성화 대책－신산업 육성 중심－", 53

　　현재 우리나라에 도입된 임대주택 리츠 중 상장해서 외국의 리츠와 같이 영속적인 리츠가 가능한 형태가 서울리츠라고 할 수 있다. 또한 서울주택도시공사와 같은 공기업이 스폰서드 리츠의 형태로 아시아 리츠 시장에서 가장 성공적인 리츠 모델과 유사한 성격을 가지고 있다는 점도 금융시장에서 일반 국민에게 신뢰성을 높여 줄 수 있는 측면이 있다.

　　주택도시기금의 운영의 관점에서 보더라도 주택도시기금이 마중물로서 초기에 임대주택 리츠를 출범시키는 데 기여하는 것은 바람직하지만, 리츠에 장기간 주택도시기금이 묶이는 것은 바람직하지 않다. 오히려 상장을 통해 지분을 회수하여 다른 리츠에 투자하도록 하는 것이 더욱 바람직하다.

　　서울리츠는 국토교통부가 부동산서비스업을 발전시키려는 방향에 가장 잘 부합하는 형태가 될 것이다. 국토교통부는 이를 뉴스테이를 통해서 달성하고자 하지만, 서울리츠도 이러한 목적에 활용이 가능하다.

이렇게 발전해 갈 수 있다면 서울리츠가 공공임대주택공급, 부동산서비스업발전, 금융시장 발전을 동시에 이룰 수 있는 매우 좋은 사례가 될 것이다.

재정비리츠의 발전 방향

갈등관리 방안 : 서울주택도시공사-투자자-조합 간의 적절한 거버넌스 구축

재정비리츠방식에서는 리츠와 정비사업이라는 복합적인 구조를 활용하기 때문에, 다양한 이해당사자들이 참여하게 된다. 따라서 재정비리츠의 활성화를 위해 가장 우선적으로 해결해야 할 문제는 이러한 이해당사자 간의 갈등을 효과적으로 관리하는 방안을 마련하는 것이다. 정비사업은 이해당사자와의 갈등과 분쟁으로 인한 충돌이 사업을 정체시키는 중요한 원인이 되기 때문에, 서울주택도시공사가 재정비리츠방식을 통해 새로운 공동사업자로 참여할 경우 이러한 이해당사자와의 갈등을 효과적으로 관리하는 방안을 마련해야 할 것이다.

이러한 갈등관리 방안으로는 재정비리츠방식에서 주요한 이해당사자인 서울주택도시공사-투자자-조합 간의 적절한 거버넌스를 구축하는 방안을 들 수 있다. 정비사업과 관련한 이해관계는 워낙 첨예한 제로섬 게임의 양상을 보일 때가 많기 때문에 공통된 의견을 수렴하기가 매우 어렵다. 따라서 이를 효과적으로 관리하는 방안으로 재정비리츠의 설립 및 운영에서 적절한 거버넌스와 서울주택도시공사-투자자-조합 역할 분담 방안을 확립 필요할 필요가 있다는 것이다.

이를 위해 첫째로, 서울주택도시공사와 민간 투자자 간에 재정비리츠의 지배구조로서 적절한 거버넌스를 구축하는 방안을 들 수 있다. 미국 임대주택 리츠인 CDT 사례의 경우, 비영리 지역개발조직인 LISC가 주 출자자로서 리츠의 설립과 운영을 주도하고 있으며, 민간은 공동 출자자로서 참여하고 있어, 임대주택 리츠의 투자 및 자산관리 전략을 공공 부문인 LISC가 주도해 나가고 있음을 확인할 수 있었다. 또한, 공공 출자자로 지역개발금융기관들을 참여시켜 사업의 공공성과 안정성을 동시에 확보하는 전략을 가지고 있다.

이러한 점은 서울주택도시공사가 주도하는 재정비리츠에서도 벤치마킹할 필요가 있다. 즉, 재정비리츠의 운영 주체로서 서울주택도시공사가 주도하지만, 여기에 리츠의 운영 및 자금조달에 도움을 줄 수 있는 다양한 공공기관들을 공동 투자자 및 자산관리자로 참여시킬 필요가 있는 것이다. 주택도시기금 등 각종 공공기금, 도시개발공사 등이 여기에 해당할 수 있다. 이와 함께 사업의 추진가능성을 높일 수 있는 민간 투자자들도 적절히 활용하여, 공공-민간 간의 적절한 거버넌스를 구성할 필요가 있다.

둘째로, 서울주택도시공사와 조합 간의 적절한 거버넌스 구축 방안으로 지역사회 조직을 활용하는 방안을 들 수 있다. 서울주택도시공사와 조합은 재정비리츠방식에서 정비사업의 공동사업자로 역할을 하기 때문에, 사업의 원만한 추진을 위해서는 이들 간의 적절한 이해관계 조정이 필요하다. 조합은 대부분 정비구역 내의 주민으로 구성되어 있어 다양한 의견이 표출되기 마련이다. 따라서 재정비 사업이 재개되기 위해서는 조합 내에서 이러한 다양한 의견을 가진 조합원들의 의견을 합리적으로 수렴하는 조직이 필요하다.

따라서 조합 내의 의견수렴 조직을 통해 조합원들에게 복잡한 재정비리츠구조를 이해시키고, 적절한 수준의 수익-위험 배분에 대한 합의를 이끌어내고, 재정비리츠가 운영하는 준공공 임대주택에 대한 이미지를 개선시키는 등의 역할이 필요하다. 이러한 역할을 담당하기 위해 서울주택도시공사가 조합의 의견수렴 과정에 참여하고 설득하는 과정을 담당할 수도 있을 것이다.

셋째로, 조합원을 재정비리츠의 주주로서 참여시켜 조합원의 이익과 서울주택도시공사의 이익을 일정 부분 일치시키는 방안을 들 수 있다. 지금까지 서울주택도시공사가 제기4 재개발구역 등의 시범지역에서 재정비리츠 방식으로 사업을 추진하고 있지만, 사업 진행과정에서 진통을 겪고 있는 것은 서울주택도시공사에 일반분양분을 할인하는 데 대한 특혜 시비다. 이러한 특혜 시비는 부동산 경기가 상승할 때마다 주기적으로 발생할 우려가 있다.

따라서 이러한 특혜 시비를 일정 부분 없애고, 소액투자자의 리츠 투자를 확대시키는 차원에서, 조합원을 재정비리츠의 주주로 참여시키는 방안을 강구할 필요가 있다. 현재 재정비리츠의 지분구조는 서울주택도시공사와 여타 재무적 투자자인 기관투자가로 구성되어 있는데, 여기에 재정비리츠에 투자할 의사가 있는 조합원들에게도 리츠의 지분을 개방하는 방안을 모색할 수 있다. 이러한 과정에서 나아가 재정비리츠를 공모해 상장하는 방안도 강구할 수 있을 것이다.

효과적인 출구전략의 마련 : 사전매각옵션, 합병, 공모
재정비리츠는 청산을 전제로 한 기한부 리츠다. 재정비리츠는 8년 기한의 기한부 리츠이고, 8년 후 재분양을 통해 리츠를 청산한다. 재정비리츠의 활성화를 위해 당장의 이슈는 조합원과의 협의를 통해 재정비리츠를 원활하게 설립하는 것이겠지만, 장기적으로는 재정비리츠를 효과적으로 청산하는 방안이 중요한 이슈가 될 수 있다. 따라서 재정비리츠의 설립과정에서부터 재정비리츠를 효과적으로 청산하는 방안, 즉, 효과적인 출구전략을 마련하는 것이 필요하다. 이러한 출구 전략으로 유력한 대안으로는 첫째, 사전 매각옵션의 활용 방안, 둘째, 합병방식의 활용 방안, 셋째, 공모 방식의 활용 방안이 있는데, 그 각각에 대해 살펴보면 다음과 같다.

출구전략 1 : 사전 매각옵션의 활용

이러한 출구전략으로 우선 고려할 수 있는 방안은 서울리츠와 같이 영속형으로 운영되는 리츠와 사전매각옵션 계약을 맺는 방법이 있다. 즉, 청산 시 재정비리츠의 매물을 영속형 리츠가 정해진 가격으로 매수한다는 옵션계약을 사전에 맺는 방법이다.

　그림 4-5는 이러한 사전 매각옵션의 활용 구조를 나타낸 것이다. 사전 옵션계약에 따라서 재정비리츠의 청산 시점에서 재정비리츠의 임대주택 매물을 서울리츠가 인수한다. 재정비리츠와 서울리츠 모두 스폰서가 서울주택도시공사이기 때문에, 리츠의 자산운영은 서울주택도시공사의 지배하에 있는 자산관리회사에서 담당한다. 따라서 리츠가 보유한 임대주택은 준공공 임대주택으로서 일관성을 유지할 수 있다.

　이러한 사전매각옵션 계약을 통해서 재정비리츠는 청산 위험을 최소화할 수 있으며, 수익률이 예측 가능한 만큼 투자자 모집에도 유리하게 작용할 수 있다. 또한 재정비리츠의 부동산 매물을 또 다른 영속형 임대주택 리츠에게 매각해 공공 임대주택의 재고도 그대로 유지할 수 있으며, 리츠시장의 지속가능한 성장에도 기여할 수 있다. 아울러 리츠의 자산관리자도 리츠시장이 계속 유지됨에 따라 안정적인 자산관리시장을 확보할 수 있어, 자산관리 전문화에도 기여할 수 있다.

　옵션계약의 체결 시점은 재정비리츠의 설립 시점이 될 수도 있고,

그림 4-5 재정비리츠의 출구전략 1 : 사전 매각옵션의 활용

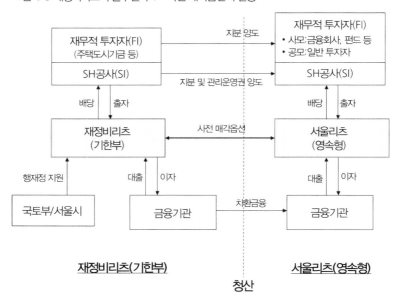

이후가 될 수도 있으나, 재정비리츠의 설립에서 사전 옵션계약을 체결하는 것이 투자자 모집에 유리할 것으로 판단된다. 특히, 재정비리츠의 매물을 서울리츠가 매수할 경우, 서울주택도시공사는 자산관리회사를 안정적으로 유지할 수 있는 시장을 확보할 수 있는 이점이 있다.

출구전략 2 : 합병방식의 활용
두 번째로 고려할 수 있는 출구전략으로는 리츠 간 합병방식을 활용하는 방안을 들 수 있다. 재정비리츠 청산 시, 기존에 운영 중인 다른 리츠에 합병하는 방안이다. 청산 시점에서 영속형으로 운영되는 서울리츠가 있다면, 재정비리츠는 이러한 영속형 회사와 합병하는 방안을 유력

그림 4-6 재정비리츠의 출구전략 2 : 합병방식의 활용

하게 검토할 수 있다.

그림 4-6은 이러한 합병방식의 활용 구조를 나타낸 것이다. 이러한 합병방식은 다양한 방법을 활용할 수 있는데, 첫째로, 재정비리츠의 청산 시점에서 재정비리츠는 청산 과정에 있는 다른 재정비리츠와 합병하여 영속형의 서울리츠로 전환하는 방안을 활용할 수 있다. 둘째로, 재정비리츠가 기존에 설립·운영 중인 서울리츠에 피 합병되는 방안을 활용할 수 있다. 어떤 방법이든 재정비리츠의 임대주택 매물을 영속형 회사인 서울리츠가 인수하는 방안이다.

임대주택 리츠는 현물출자에 대한 양도소득세 이연이 가능하기 때문에, 합병에 따른 세제 혜택을 누릴 수 있어, 재정비리츠의 출구전략으

로 유력한 대안이 될 수 있다. 특히 재정비리츠의 합병을 통해 서울리츠가 공공 임대주택 재고를 확보할 수 있는데, 서울주택도시공사는 이러한 임대주택 재고를 순환 재개발·재건축에 활용할 수 있어, 정비사업의 안정적인 출구전략으로도 활용할 수 있을 것이다.

출구전략 3 : 공모방식의 활용

세 번째로 고려할 수 있는 출구전략으로는 청산시점에서 공모를 통해 새로운 투자자를 모집하여 재정비리츠를 영속형 서울리츠로 전환시키는 방안을 들 수 있다. 리츠시장의 성장을 위해서는 영속형 - 대형 - 상장형 리츠의 설립이 필요하다는 점은 앞서 언급한 바 있다. 따라서 공모방식을 통한 출구전략을 활용하면 재정비리츠에도 효과적인 출구전략이 될 수 있을 뿐만 아니라, 소액 투자자가 리츠 투자에 참여할 수 있는 길이 열려, 리츠시장의 성장에도 기여할 것으로 판단된다.

그림 4-7은 공모방식의 활용 구조를 나타낸 것이다. 재정비리츠가 청산 시점에서 공모를 통해 새로운 투자자를 모집하여 서울리츠를 설립

그림 4-7 재정비리츠의 출구전략 3 : 공모방식의 활용

하고, 이 자금은 재정비리츠 투자자의 투자비 회수자금으로 활용한다. 여기서 공모를 통해 설립되는 서울리츠는 앞서 언급한 서폰서드 리츠 방식으로 설립하는 것을 유력하게 검토할 필요가 있다.

서울주택도시공사는 공신력 있는 공공 스폰서가 될 수 있기 때문에, 공모 과정에서 서울주택도시공사가 스폰서가 되어 스폰서드 리츠를 설립하면 공모에 성공할 가능성도 높을 것이다. 또한 스폰서인 서울주택도시공사가 출자한 자산관리회사에도 안정적인 비즈니스 모델을 가능하게 하는 방편이 될 수 있다.

재정비 대상 구역 확보를 위한 객관적인 평가지표의 마련

앞서 살펴본 바와 같이 재정비리츠는 정비사업이 정체되어 있는 B유형의 정비사업을 주요 대상으로 한다. 2016년 현재 B유형의 정비사업은 서울시에 대략 130개 정도인데, 서울주택도시공사는 이 중 재정비리츠를 30개 사업장에 약 1만 호를 공급하는 것을 목표로 하고 있다. 따라서 이들 대상 정비구역 중에서 적절한 대상구역 선정 및 확보를 위한 객관적인 평가지표의 마련이 필요하다.

재정비리츠는 공공성과 사업성을 동시에 달성하는 것을 목표로 하기 때문에, 정비구역 확보를 위한 평가지표에는 이러한 공공성과 사업성을 객관적으로 평가할 수 있도록 하여, 정비구역 주민들 간에 형평성 문제가 발생하지 않도록 사전에 면밀하게 준비할 필요가 있다.

그림 4-8은 현재 서울주택도시공사에서 작성한 재정비리츠 대상 사업지 선정을 위한 평가지표다. 평가지표를 보면, 크게 공익성, 수익성 그리고 주민의지의 관점에서 평가지표가 구성되어 있다. 따라서 재정비리츠가 목표로 하는 공공성과 사업성을 평가하기 위한 인프라는 기본적으로 갖추어진 것으로 판단된다.

그림 4-8 재정비리츠대상 사업지 선정을 위한 평가지표

평가기준(예시)

항목	내용	
공익성	물리적 쇠퇴도	노후건축물 비율
		폐공가수
		이주·철거 여부
	인구사회지표	수급자·차상위 소득자 비율
		인구 감소율
		사업체 증감률
		고령자 비율
	기타	—
주민의지	대의원 동의율	%
	비대위 활동성	상·중·하
	투명한 사업비 집행 동의 여부	SH 제시 회계 기준 및 자금통제 동의
사업성	비례율	SH 자체평가
	추정 분담금의 현실성	
	인근 임대시세	

출처 : 서울주택도시공사 내부자료

　　다만, 여기서 보완할 점은 이러한 평가지표가 객관성과 신뢰성을
담보할 수 있도록 좀더 면밀한 검토가 필요하다는 점이다. 이를 위해서
목표를 정확하게 평가할 수 있는 대리지표(proxy)를 좀더 정교하게 만
들고, 이들 지표의 평가를 객관적으로 할 수 있는 스코어링 시스템을 구

축하는 것이 필요하다.

특히, 정비사업은 서울주택도시공사의 의지만으로 할 수 있는 것이 아니라 조합원의 일치된 의사도 중요하기 때문에, 사업 진행과정에서 조합원의 합의가 용이할 수 있는지에 대한 평가를 할 수 있도록, 조합의 과거 분쟁이력을 평가할 수 있는 지표도 추가하는 것이 필요하다.

참고문헌

국토해양부, 2012, 해외주거복지정책 사례연구.

국토교통부, 2014.11.21, "리츠, 새로운 임대주택 공급주체로 우뚝".

국토교통부, 2015, 리츠사업의 다각화 및 공모활성화 방안 연구.

국토교통부, 2015.11.13, "기업형 임대리츠, 허브(HUB) 만든다"

국토교통부, 2016. 6. 1., "2016년 주거종합계획".

곽선미, 2014.4.29, "일 임대주택리츠, 10년간 20조원 시장 '급성장' 한 이유는 ", http://news1.kr/articles/1649570

관계부처합동, 2016.7.5, "투자활성화 대책 － 신산업 육성 중심－"

김동환, 2015, 부동산금융시장의 현황 및 과제, 한국금융연구원.

김영곤 외, 2012, 한국리츠 구조의 이해와 경영, 한국리츠협회.

박연우, 2014, "리츠시장의 활성화를 위한 정책 제언", 부동산 포커스, 74, 34〜37.

박원석, 2000, REITs 도입의 영향과 정책과제, 삼성경제연구소.

박원석, 2003, "REITs의 수익률 특성 분석", 지리학연구, 37(4), 한국지리교육학회, 455〜471.

박원석, 2007, "호주 Listed Property Trust의 성과와 자산관리 특성 분석: 우리나라 부동산간접투자에의 시사점", 한국경제지리학회지, 10(3), 한국경제지리학회, 245〜262.

박원석, 2007, 위험조정모형을 활용한 부동산투자회사의 성과특성 분석, 지리학연구, 41(4), 국토지리학회, 495〜504.

박원석, 2008, "BTL 사업과 프로젝트 금융의 효과적 결합", 한국경제지리학회지, 11(2), 한국경제지리학회, 233〜250.

박원석, 2009, "수요자 분석을 통한 임대주택 REITs의 특성 및 활용가능성에 관한 연구-미국 시애틀의 Ballinger Commons 사례를 중심으로", 지역연구, 25(4), 한국지역학회, 83~106.

박원석, 2009, "위험조정모형을 활용한 미국 REITs의 부동산 유형별 성과 분석", 한국경제지리학회지, 12(4), 665~680.

박원석, 2010, "국내 대학생들의 임대 아파트에 대한 인식과 주거입지 선호 특성에 관한 연구", 한국지역지리학회지, 16(5), 559~571.

박원석, 2011, "헬스케어 REITs의 성과 및 운영 특성과 국내 실버산업에의 활용 방안", 한국경제지리학회지, 14(2), 157~175.

박원석, 2011, "호텔 REITs의 국내 활용 가능성과 활용 방안", 한국경제지리학회지, 14(4), 524~539.

박원석, 2013, 부동산투자론, 양현사.

박원석, 2013, "주거복지 확충을 위한 리츠의 활용 방안", 한국경제지리학회지, 16(2), 275~292.

박원석, 2014, "대학생 기숙사 확충을 위한 REITs의 활용 방안", 대한지리학회지, 49(3), 357~370.

박원석, 2015, "임대주택 리츠의 해외 사례 및 시사점", 주택도시연구, 5(2), 17~32.

변창흠, 2016.6, "공공디벨로퍼로서 SH의 역할과 새로운 주거복지 사업화 모델".

서울투자운용, 2016.7.8, "서울투자운용 주식회사 리츠관련 업무개시 본격화".

연태훈, 2015, "기업형 주택임대 활성화를 위한 정책과제", 주간 금융브리프, 24(28), 3~11.

오동현, 2016.6.21, "서울리츠 AMC 출범 임박…리츠1호 10~11월 착공", http://www.newsis.com/ar_detail/view.html?ar_id=NISX20160621_0014166100&cID=10201&pID=10200

이상영· 서후석· 김진우· 신응식, 1999, "부동산투자회사 제도의 도입방안에 관한 연구", 한국건설산업연구원 정책연구 99-02.

이상영, 2015, "리츠 공모 활성화를 통한 경쟁력 강화 방안", 한국리츠협회, 2015 리츠활성화정책 국제세미나.

이상영, 2015, "주택임대시장에서 리츠의 역할과 개선방향", 주택도시연구, 5(2), 1~16

이진경, 2009, "가구소득대비 부담가능주택 특성분석", 국토계획, 44(7), 97~108.

이태진 외, 2010, 주거복지정책의 평가 및 개편방안 연구, 한국보건사회연구원.

이현석, 2015, "앵커리츠를 활용한 투자상품 다각화 방안", 한국리츠협회, 리츠 활성화정책국제세미나 발표논문.

임영신, 2016.7.12., "'청년이 빠져나간다' 천만인구 회복 추진 서울시대책부심", 매일경제신문 http://news.mk.co.kr/newsRead.php?no=499922&year=2016

전은호·서순탁, 2009, "지불가능주택의 공급을 위한 공동체토지신탁제도(CLT) 도입에 관한 연구", 국토계획, 44(2), 123~132.

하성규 외, 2012, 한국주거복지정책, 박영사.

한국리츠협회, 2016, KAREIT Report, REITs Journal, 19, 19~74.

한국토지주택공사, 2016.6, 알기쉬운 임대주택안내.

SH공사, 2016.3, '2016년 주요업무보고', 서울시의회

Chiquier, L. eds., 2009, *Housing Finance Policy in Emerging Markets*, World Bank.

Corgel, John B., and Chris Djoganopoulos, 2000, "Equity REIT Beta Estimation", *Association for Investment Management and Research*, January/February.

He, L. T., 2000, "Causal Relationships Between Apartment REITs Stock Returns and Unsecuritizes Residential Real Estate", *Journal of Real Estate Portfolio Management*, 6(4), 365~372.

Levy, J. S. and K. Purnell, 2006, The Community Development Trust Taps Wall Street Investors, *Community Development Investment Review*, 2(1), 57~63.

Liang, Y., A. Chatrath and W. McIntosh, 1996, "Apartment REITs and Apartment Real Estate", *Journal of Real Estate Research*, 11, 277~289.

Mueller, G. R., K. R. Pauley, and W. K. Morill Jr., 1994, "Should REITs be included in a mixed-asset portfolios", Real Estate Finance, 11, 23~28.

Order, R. V., 2006, Securitization and Community Lending, *Community Development Investment Review*, 2(1), 1~16.

Rubin, J. S., 2006, Financing Rural Innovation with Community Development Venture Capital : Models, Options and Obstacles, *Community Development Investment Review*, 2(3), 15~27.

Seidman, E., 2006, Bringing theaz Information Gaps between Capital Markets Investors and CDFI's, *Community Development Investment Review*, 2(2), 36~39.

Tingerthal, M., 2009, Community Development Financial Expertise Put in Service of Neighborhood Stabilization, *Community Development Investment Review*, 5(1), 53~64.

West, S. 2006, Selling Affordable Housing Loans in the Secondary Market, *Community Development Investment Review*, 2(1), 49~55.

東京證券取引所, 2013, Jリートがわかる本, 株式會社東急エージェンシー.

不動産證券化協會, 2010, 不動産證券化 ハンドブック.

山内正教, 2004, 不動産アセットマネジメント, 住宅新報社.

三菱UFJ信託銀行 不動産コンサルティング部, 2013, 不動産證券化と J-REITがわかる本, 東洋經濟新報社.

アドバンス・レジデンス投資法人, 2016.6., 住宅系J-REIT概要及運營狀況關參 考文獻.

日本經濟新聞出版社編著, 2015, REITまるわかる!らくらく投資術, 日本經濟新 聞出版社.

川口有一郎, 三菱UFJ信託銀行 不動産コンサルティング部, 住宅金融支援機構 調査部, 2015, 不動産マーケットの明日を読む, 日經BP社.

協本和也, 2008, J-REITの基本と仕組がよくわかる, 秀和システム.

協本和也, 2010, 不動産ファンドがよくわかる, 秀和システム.

www.japan-reit.com/list/rimawari/

www.satsuki-jutaku.jp/search/index.php

[저자 약력]

이상영

명지대학교 부동산학과 교수다. 서울대학교 경제학과를 졸업하고, 동 대학원 경제학과에서 석사, 박사학위를 취득했다. 부동산투자론, 부동산자산관리론, 부동산경제학을 주로 가르치고 있으며, 리츠, 주택임대관리, 부동산벤처 등의 분야에 관심을 가지고 연구하고 있다.한국개발연구원, 한국건설산업연구원 부연구위원, 부동산114 대표이사 사장, 미래에셋부동산연구소 소장을 역임하였다. 저서로 '아파트의 경제학'(2002), '내일의 부동산파워'(2009) 등이 있으며, 학술논문으로 "지속가능한 민간임대 주택시장에 대한 대안적 검토"(2012), "일본 주택임대관리회사의 특성분석과 시사점"(2013), "임대주택리츠 활성화를 위한 과제와 전략"(2015) 등을 발표하였다.

박원석

대구대학교 부동산학과 교수다. 서울대학교 국제경제학과를 졸업하고, 동 대학원 지리학과에서 경제지리학 전공으로 석사, 박사학위를 취득했다. 부동산투자론, 입지론, 자산관리론을 주로 가르치고 있으며, 리츠, 프로젝트 금융, 주거입지 등의 분야에 관심을 가지고 연구하고 있다. 저서로 "부동산입지론"(2011), "헬로 미국부동산"(2011), "부동산투자론"(2013) 등 다수가 있으며, 학술논문으로 "주거복지 확충을 위한 리츠의 활용 방안"(2013), "대학생 기숙사 확충을 위한 REITs의 활용 방안"(2014), "런던지역 한인 이주민의 정착경로 및 주거입지 특성"(2015) 등이 있다.

서울리츠 2030 신주거전략

저 자 ∣ 이상영·박원석
발행인 ∣ 이구만
발행처 ∣ 유원북스
　　　　04091 서울특별시 마포구 토정로 222,
　　　　한국출판컨텐츠센터 416호
　　　　대표전화 (02) 593-1800　팩스 (02)6455-1809
　　　　출판등록 2011. 9. 6.　제25100-2012-3호
　　　　www.uwonbooks.com uwbooks@daum.net
초판 인쇄 ∣ 2017. 1. 5.
초판 발행 ∣ 2017. 1. 10.

ISBN 978-89-97926-60-2　(93320)

정가 ∣ 15,000원

편집 디자인 ∣ 홍익m&b
표지 디자인 ∣ 우일미디어
인쇄 ∣ (주)삼신문화
제본 ∣ 광신제책사

이 도서의 국립중앙도서관 출판예정도서목록(CIP)은 서지정보유통지원시스템
홈페이지(http://seoji.nl.go.kr)와 국가자료공동목록시스템(http://www.
nl.go.kr/kolisnet)에서 이용하실 수 있습니다. (CIP제어번호 : CIP2016031942)